Por que vou ao PSICOPEDAGOGO?

Ângela Mathylde Soares

Por que vou ao PSICOPEDAGOGO?

P.P.A.I.
Programa Psicopedagógico de Atendimento & Intervenção

Artesã

Por que vou ao psicopedagogo?
1ª edição

COORDENAÇÃO EDITORIAL
Karol Oliveira

DIREÇÃO DE ARTE
Tiago Rabello

REVISÃO
Maggy de Matos

CAPA
Kamila Moreno

ILUSTRAÇÕES
Studio Bonnie & Clyde

PROJETO GRÁFICO E DIAGRAMAÇÃO
Conrado Esteves

S676 Soares, Ângela Mathylde.
Por que vou ao psicopedagogo? / Ângela Mathylde Soares . – Belo Horizonte : Ed. Artesã, 2018.

224 p. ; 24 cm.

ISBN: 978-85-88009-80-6

1. Pedagogia. 2. Educação. 3. Psicologia da educação. 4. Psicopedagogia. 5. Neuropsicopedagogia. I. Título.

CDU 37:159.9

Catalogação: Aline M. Sima CRB-6/2645

IMPRESSO NO BRASIL

Printed in Brazil

ARTESÃ EDITORA LTDA.
Site: www.artesaeditora.com.br
E-mail: contato@artesaeditora.com.br
Belo Horizonte/MG

AGRADECIMENTOS

Amo, incondicionalmente, Aquele que criou o céu e a terra e tudo que nela há.

Honro aqueles que me geraram, mostrando-me ao mundo com respeito e direção

Amo minha Família.

E àqueles que não merecem nenhuma menção, pois estão num passado sem direção, sem mapas, com estradas entulhadas e portas emperradas, trancadas e esquecidas. Não podendo mais cruzar o limite da sensatez, a esses o meu muito obrigada, pois me ensinaram a ter cautela, vigilância e bom senso.

Como diz Kofi Anyidoho, com tanta espera para ser desfeita, com tanta coisa deixada por fazer durante tanto tempo, continuar a apelidar a nossa situação um dilema é só uma má desculpa para a inação”.

Seja bem-vindo ao futuro, com um presente de muita experiência e com um gosto de final feliz.

Completar sempre será melhor que principiar!

SUMÁRIO

COMUNICADO PARA PAIS E RESPONSÁVEIS

Este manual é destinado a crianças e adolescentes, que estão em atendimento psicopedagógico ou têm uma indicação de tratamento para este profissional.

Você pode lê-lo com seu filho. Sabemos que tem muitas perguntas a fazer.

O que é, o que faz, quando procurar esta assistência psicopedagógica?

E muitas outras, que neste manual tentaremos esclarecer. Como:

- Quem é este profissional?
- Quando procurá-lo?
- Seu ambiente terapêutico?
- O objeto de seu estudo?
- Grandes Parcerias – família, escola, nosso(a) paciente e parcerias externas.
- A importância da aquisição do processo de aprendizagem.
- Os passos do processo interventivo (tratamento).
- Sobre o sigilo.
- O tratamento.
- Técnicas de hábitos de estudo.
- Despedida planejada e orientada.

E, por último, será uma grande aventura e contamos com sua parceria!

Ângela Mathylde Soares

COMUNICADO PARA PROFISSIONAIS DE PSICOPEDAGOGIA

Este manual foi desenvolvido com a finalidade de auxiliá–lo(a) na clínica psicopedagógica.

Desde o início do tratamento até o final do mesmo. Este manual é muito rico em informações e sugestões de técnicas interventivas.

Muitas novidades que deixarão o tratamento muito dinâmico e criativo.

O propósito deste manual é de crescer em parceria com sua prática e a demanda do seu paciente, da família, da escola e outras demandas externas, que com certeza serão atendidas.

Salientamos que seu paciente precisa se interessar pelo processo como num todo, com leveza e determinação.

O processo de ensino aprendizagem, a relação ensinante/ aprendente é uma das mais maravilhosas. Tornamo-nos espectador da evolução deste sujeito em sua transformação.

Todas áreas do conhecimento ganham com este ator da ensinagem.

O psicopedagogo(a) é um avaliador de potencial, um examinador de recursos, facilitando e personalizando o aprender.

Também é um educador que esquematiza estratégias e habilidades cognitivas.

Por último, é mediador, pois, o flexibilizar informações, implica alterar situação de conflitos em solução. Isto é aprendizagem!

Com nossa experiência, aprendemos que o fracasso do tratamento psicopedagógico acontece quando:

» O profissional não demonstra interesse pelo desejo dos pacientes; o vínculo ao tratamento não é eficaz.

» As técnicas interventivas são entediantes e sem interação.

» A comunicação é imperativa.

» Participação é unívoca, sem escuta, trocas de experiências, preparação das atividades, sem personalização e aconchego.

» Propósito e objetivos são estruturados e elaborados sem o envolvimento do paciente e das parcerias como família, escola e demais profissionais envolvidos no processo.

» O Sigilo é quebrado.

» Cria-se culpados e não soluções para o fracasso da criança ou adolescente.

» A baixa autoestima e as inseguranças do paciente o fazem boicotar o processo de aprendizagem.

» Há imposição ao tratamento sem adaptação e implicação dos envolvidos (Família, Escola e outros).

Então, colega, quanto mais envolvermos e acolhermos a demanda do paciente neste processo, vamos fazer um bom trabalho.

Ame o que faz e seu paciente o agradecerá pelo resto de sua vida!

Ângela Mathylde Soares

INTRODUÇÃO

Em momentos em que a Sociedade se questiona sobre quais as funções do Psicopedagogo, a obra de Ângela Mathylde Soares vem, no momento certo, explicar o papel deste profissional na vida de quem dele precisa.

A Psicopedagogia é uma marca efetiva no desenvolvimento acadêmico e pessoal de cada um de nós, que diariamente trabalha com distúrbios e dificuldades de aprendizagem.

Numa linguagem simples e acessível e acima de tudo numa posição em que o técnico se coloca ao nível do paciente, *Por que vou ao Psicopedagogo* explica a quem necessita do Psicopedagogo o que é de fato estar com este profissional e por quais passos passa, até chegar às sessões.

Não poderíamos esperar, algo diferente, de um profissional que tem dedicado toda à sua vida a esta área, numa relação multidisciplinar com outras e que tem contribuído para o sucesso pessoal e acadêmico de quantos já pelo seu acompanhamento passaram.

Na realidade, tenho a certeza que esta obra será, seguramente, um apoio, uma base e uma forma importante de chegar a todos os profissionais da Psicopedagogia e de contribuir para que o apoio que disponibilizam diariamente a crianças, adolescentes e a suas famílias seja íntegro, real e eficaz.

Conhecer o caminho que seguimos, onde estamos, para onde vamos e o que fazemos, torna efetivamente o percurso mais securizante. E é este percurso seguro, que profissionais, como Ângela Mathylde Soares, transmitem na sua caminhada.

Como disse, e bem, Jean Piaget "A principal meta da Educação é criar Homens que sejam capazes de fazer coisas novas, não simplesmente repetir o que outras gerações já fizeram. Homens que sejam criadores, inventores e descobridores. A segunda meta da Educação é formar mentes que estejam em condições de criticar, verificar e não aceitar tudo o que a elas se propõe".

Prof. Dr. Rafael Silva Pereira

Doutorado em Novos Contextos Psicológicos
em Educação, Saúde e Qualidade de Vida

PhD em Ciências da Reabilitação,
pela Universidade de São Paulo

PREFÁCIO

A vida é a arte dos encontros, reencontros sempre. Ser convidada para prefaciar o livro da Professora Ângela Mathylde Soares é uma honra recebida e consagrada, pois tenho uma grande admiração pelo seu trabalho. Conviver com a Prof.ª Ângela Mathylde é perceber a afetividade, a acolhida em cada olhar e gestos. E com toda certeza, ela vem nos presentear com seus saberes e conhecimentos cada dia mais atualizados nesta obra o "Por que vou ao Psicopedagogo?". A criança ao chegar na escola é um "mix" de sentimentos e emoções. Na realidade ela ainda não realiza as funções que a escola promove em suas aptidões, habilidades e inteligências.

Para entender a escola há de se interrogar se é um espaço acessível para todos, como desvendar as potencialidades humanas, compreender as dificuldades específicas de cada educando e oportunizar a inclusão, integração e interação de todos os envolvidos no ambiente escolar. O importante é reconhecer como ocorre na Educação escolar os processos das aprendizagens cognitiva, motora, afetiva e social, pois, atualmente, o foco não está mais como o professor ensina, mas como o estudante aprende frente as novas possibilidades e oportunidades.

A função da escola é a democratização do processo da aprendizagem, por isso, que se permeia a urgência de atingir a população em geral, portanto, todas as classes sociais, principalmente, as menos favorecidas, a fim de preparar o sujeito para a cidadania, para a vida.

É importante conhecer como os processos cognitivos, afetivos e sociais se desenvolvem no indivíduo, tendo a escola a função primordial nesta dinâmica na aquisição de conhecimento. Porém, nem tudo são flores, pois, nem sempre essa é a realidade vivenciada nos espaços escolares quando fala-se em relações de aprendizagens.

A obra "Por que vou ao Psicopedagogo?" nos favorece ao esclarecimento fundamental sobre a Psicopedagogia, campo do saber que se constrói a partir de dois saberes e práticas: a pedagogia e a psicologia, que tem funções específicas quando o assunto é aprendizagem, porém, sua atuação vai além dos sentimentos construídos. O Psicopedagogo institucional ou clínico, atua principalmente nos "resgates cognitivos e emocionais" do indivíduo, fatores que não aprende nos bancos escolares.

O Psicopedagogo atuará nas dificuldades que o estudante com ou sem alguma deficiência aparente poderá vir a ter na dinâmica da sala de aula regular, auxiliando o professor na criação de metodologias pedagógicas para realizar a inclusão do sujeito especial. Sendo o seu olhar numa abordagem ao movimento inclusivo nas questões relativas ao ensino -aprendizagem desse aprendente.

Essa obra nos auxiliará como os Psicopedagogos, as Famílias, a escola poderão lidar com o aprendizado da criança e dos adolescentes. Pretende-se então, promover a reflexão acerca das novas posturas dos profissionais da educação e saúde, e, assim, contribuir com a inclusão familiar, escolar e social.

Parabéns, Professora Ângela Mathylde Soares!

Professora Doutora Marta Relvas

Bióloga, Neurobióloga, Neuroanatomista, Neurofisiologista, Psicopedagoga e Especialista em Bioética. Tem formação internacional em Educação na Abordagem Reggio Emília, na Itália. Além de Membro Efetivo da Sociedade Brasileira de Neurociência e Comportamento, é Membro da Associação Brasileira de Psicopedagogia. Autora, também, de diversos livros e DVDs sobre Neurociência e Educação – Transtornos da Aprendizagem. Atua ainda como Professora Universitária e tem sólida carreira de palestrante no Brasil e no exterior.

ACOLHIDA TERAPÊUTICA

Psicopedagogo(a).

Você gostaria de saber quem é este profissional? O que ele faz?

Pode ser uma mulher ou um homem. O objetivo deste profissional é trabalhar as necessidades educacionais. Decifrar como ocorre o processo de construção do conhecimento.

É um profissional capacitado para guiá-lo, ao encontro das suas potencialidades, ajudar a traçar estratégias, vencer suas dificuldades e motivar suas habilidades. Identifica os pontos negativos que, porventura, estão travando essa aprendizagem.

O(a) Psicopedadgogo(a) trabalhará com você e para você.

O(a) Psicopedagogo(a) atua diretamente com crianças, adolescentes, adultos e idosos. Atua também de maneira preventiva, para evitar os obstáculos à aquisição do conhecimento e, ainda, propicia estratégias e ferramentas que possibilitem facilitar o desejo de aprender.

Tomar consciência é o primeiro passo para a mudança!

MUDANÇA, MUDANÇA, MUDANÇA.......!!!

O consultório psicopedagógico é um espaço preparado para você com a finalidade de trabalhar potencialidades e superar as necessidades que no momento você estiver atravessando.

Os objetos encontrados no local também fazem parte da jornada de conquista e conhecimento.

É necessário aprender como se dá o seu processo de aprendizagem.

E para isto depende de um trabalho conjunto!

Psicopedagogia e você!

Isto é Superação!

No primeiro momento, vamos receber seus pais ou pessoas queridas que estão em sua vida, neste ambiente terapêutico chamado consultório ou ***SETTING TERAPÊUTICO***.

Sabe por que eles virão até nós? Aposto que sabe! Vamos lá!

Eles sabem tudinho sobre você. Vamos conversar muito, durante algumas horas, até que eles possam passar toda informação. Isto se chama ***ANAMNESE***.

Sabe o que é isto? São informações a seu respeito, que precisamos saber para montar seu perfil.

Colheremos dados desde o seu nascimento até o momento atual. É importante saber do seu primeiro momento na escola, como se organiza em suas tarefas, como se comporta em família e entre amigos, coisas que gosta....

Haja conversa!!

Para completar a anamnese, o psicopedagogo(a) entra em contrato com a escola onde você estuda ou que já estudou. Com os profissionais que o atenderam ou atendem.

Este momento é para o levantamento de hipóteses. O objetivo do psicopedagogo não é de levantar estigmas e muito menos de fazer **FOFOCA**.

Não é, também, conversa jogada fora. É uma entrevista com objetivo.

E sabe que objetivo é este?

VOCÊ!!

Ficou feliz?

Existe um compromisso de responsabilidade sobre sua história de vida, que se chama ***ÉTICA DO SIGILO***.

Tudo o que é falado, pertence ao que fala. É importante saber que as conversas, os assuntos nunca serão expostos.

Suas informações são sigilosas. Seus segredos serão muito bem guardados.

Guardado MESMO!

Minha boca é um túmulo!

Quando você for indicado para um outro profissional**,** não se preocupe; seu segredo será muito bem guardado. Trocaremos informações, mas respeitaremos sua história.

O Sigilo estará presente em todo nosso tratamento.

"O que fala aqui, fica aqui!"

Chegou a sua vez de conhecer o espaço terapêutico. Todo prontinho para recebê-lo

Agora, vamos saber de sua história, por você mesmo.

Toda a informação é para montar seu perfil, que só ficará completo com sua ajuda.

Aliás, saber mais de você é com você mesmo!

Neste momento, você conhecerá o(a) psicopedagogo(a) e tudo que há em seu consultório.

Todos encontros têm como finalidade investigar os estilos da aprendizagem, como: tempo, hábitos, defesas, motivações, ansiedades, e conflitos que bloqueiam sua motivação, para adquirir o conhecimento.

Esta relação de ensinar e do aprender tem que ser resgatada. Esta é uma das funções da Psicopedagogia.

Vamos trabalhar juntinhos!

Nesse processo, você é a pessoa que se comprometeu em tentar superar as dificuldades e empoderar-se de suas capacidades. Aprender é muito bom!

Para que isto aconteça, você tornar-se-á um agente da sua aprendizagem. E usaremos, para nossos encontros, materiais com: computador, jogos, livros, desenhos e muitos outros materiais, que você conhecerá aos poucos.

Serão feitos planejamentos dos encontros. Esses se chamam ***SESSÕES PSICOPEDAGÓGICAS***.

Você levará seu material escolar, para que o(a) Psicopedagogo(a) conheça, sua letra, avaliações, agenda, desenhos, jogos que gosta, sim, tudo isto para conhecer suas competências, habilidades e necessidades educativas.

Desenvolverá estratégias de aprendizagem e conversará muito

UFA! Muita coisa legal...

Nesta hora será feito um acordo com objetivos traçados para o tratamento.

Questões a serem tratadas como: Horário da sessão, quantidades de encontros, comportamento e combinados, regras e limites.

Isto nem é ruim!

Assinamos o ***CONTRATO*** e mãos à obra!

Haverá momentos que convidaremos as pessoas que cuidam de você e são importantes na sua vida. Lembra que já falamos sobre isto?

Sabe para que?

Para planejarmos juntos uma melhor forma de ajudá-lo(a).

Por exemplo:

- Quantas sessões teremos por semana, quais são suas necessidades apresentadas no momento...

- Nossos combinados, regras, limites e planejamento, ou seja, faremos um ***PLANO DE AÇÃO.***

A sua história será contada por você e será ouvida com todo respeito.

Lembre-se, seu segredo sempre será guardado.

Não se esqueceu, não é?

SIGILO!!!

As conversas serão a porta fechada. Você sabe o porquê? Porque este espaço é seu e tenho certeza que fará bom uso dele.

Você conversará sozinho ou acompanhado, quando estiver pronto para esse *papo cabeça*. Falará sobre tudo, que quiser, desde que não haja desrespeito e quebra das regras estabelecidas. O nome disto é ***COMBINADO.***

Esforce-se e nunca quebre os combinados, confio em você!

Além do mais....

Quando a família participa deste processo, o tratamento fica ainda mais rico de informações. Esta parceria é sempre bem-vinda!

Os familiares ajudarão a compreender seus pontos fortes e fracos e o(a) Psicopedagogo(a) os orientará nesta jornada conjunta. Todos trabalhando com você e para você, lembra-se?

Esta parceria dará a todos, condições de criar habilidades e planejamento, para auxiliá-lo a diminuir suas necessidades educacionais, substituindo-as por estratégias de ensino e aprendizagem.

E é muito bom se sentir capaz!!!

Quanto mais compreender suas habilidades e competências, mais tomará consciência e segurança de suas potencialidades.

Isto se chama ***AUTOESTIMA.***

Sabe o porquê?

Quanto mais confiança em si, surge um sentimento de competência, que o motiva a não parar ao encontrar dificuldades encontradas.

Você lembrará dos seus pontos positivos e, cada vez mais, ganhará confiança, dia após dia.

Mas, surge a pergunta!

– Como ter conhecimento de minhas habilidades e competências?

Levantar hipóteses tem, como uma das finalidades, colher dados sobre as deficiências encontradas no momento, e a outra é informar-lhe sobre suas capacidades.

E, acredite, são muitas. Você se surpreenderá!!

Vamos conversar, jogar, desenhar, exercitar a atenção, a memória, a letra...

O aprender faz você relacionar-se com o saber. E saber as coisas, faz bem demais!

Contribui para construção da sua autonomia e independência.

Isto se chama ***INVESTIMENTO.***

Investir em você parece um sonho, não é?

O psicopedagogo é professor como o da minha escola?

Será que falará como meu professor? Aquele que pega no meu pé?

Não, o psicopedagogo é um especialista da aprendizagem, que tem capacitação para auxiliá-lo, em toda esta área. Tanto nas dificuldades como nos transtornos, que o impedem de aprender, usando instrumentos, técnicas e estratégias, a fim de que supere essas deficiências.

O profissional não faz dever de casa e muito menos ensina conteúdo escolar e nem faz mágica.Ele trabalha e estará presente com você e a sua vontade de superar as barreiras do aprender.

O objetivo da Psicopedagogia é estabelecer vínculos com você e a aprendizagem, proporcionar condições adequadas e adaptadas para realizar as tarefas com estratégias, para reter, explorar, usar do conhecimento, que está dentro da sua cabeça.

Isto é ***APRENDIZAGEM***.

Quando você se apropria da maneira adequada do como aprender, e não se desanima diante das dificuldades, levantando estratégias para superá-las, isto sim, é um ***TRATAMENTO ou INTERVENÇÃO PSICOPEDAGÓGICO.***

Às vezes, você sentirá uma variação de sentimentos; ficará, confuso, nervoso, triste, desanimado, mas não desista; mantenha o objetivo: vencer as dificuldades e criar estratégias, para continuar vencendo e aprendendo.

Isto se chama ***DEMANDA DE MELHORA***.

Todo esforço tem **RECOMPENSA.**

O desejo de continuar vencendo etapas.

Isto é muito bom!

Em algumas situações, o(a) profissional de Psicopedagogia precisará de ajuda de outros profissionais, caso algumas necessidades persistam e fujam da sua competência de ação.

Por exemplo, quando suas emoções não permitirem que você aprenda, será solicitada a ajuda de outro profissional, para resolverem, juntos, a questão. Esse procedimento, inclusive, é um dos itens do nosso Contrato, lembra-se?

Isto não significa que a Psicopedagogia seja insuficiente, mas, sim, que sempre é útil e importante ouvir o saber, e a opinião de outros profissionais.

Isto se chama ***ZELO***, por sua vida e ***ÉTICA*** por sua história.

O bom profissional tem conhecimento de suas limitações e entende, quando deve se associar com outros profissionais de áreas diversas. Sempre visando o sucesso do tratamento.

Por isso, você estará em boas mãos!

Não se preocupe só com as notas e, sim, com todo o processo, pois estas virão, com certeza, e com louvor!

Foque em novos hábitos de estudo, estratégias de aprendizagem, na organização de seu tempo. Tempo é *precioso!*

Controle a impulsividade, supere a ansiedade, mude com tranquilidade, sentindo prazer em fazê-lo. Nada de egocentrismo; isto não está com nada!

Lembre-se de que para conquistar e evoluir são necessários o esforço e tempo.

Portanto, vamos começar logo!

Aliás..., já começamos

Este esforço tem muitas recompensas, como já falamos!

Uma delas é a ***ALTA DO TRATAMENTO***. Sabe o que é isso? É o sentimento de dever cumprido, a satisfação, em concluir esta fase. Caminhar com as próprias pernas. Conhecer suas potencialidades.

Maturidade! Nos objetivos e na vontade.

Grandes mudanças!

Conhecer o melhor de si.

Descobrir que sua nota é 1000!!

Às vezes, falar é fácil e outras é muito difícil. Entre o fácil e o difícil, escolha a forma mais confortável de transmitir seu recado.

Vamos *praticar,* porque com treino organizado e orientado, muda-se a realidade.

Suas sessões diminuirão, os encontros ficarão mais espaçados.

Neste momento, finalmente, encontrará seu Psicopedagogo em intervalos mensais.

Este encontro se chama ***MANUTENÇÃO***.

São encontros para "não perder o foco".

Rever estratégias, combinados, hábitos e resultados...

Que legal! Esses encontros são muito produtivos, cheios de novidades, planejamento e respeito.

Aqui, é importante frisar: não se esqueça nunca do sigilo! Seus segredos continuarão bem guardados.

Note bem, obstáculos existem para serem vencidos, a seu tempo. Não se esqueça das estratégias!

Notas são resultados de comprometimento e esforço.

A aprendizagem requer processo, organização e atenção.

Os seus sentimentos devem ser respeitados, desde que tenham finalidades e objetivos bem estruturados. Sentimentos de fracasso não são permitidos, e, sim, analisados.

Não esqueça suas potencialidades; elas sempre serão superiores às dificuldades.

A forma para aprender é um processo individual, então, busque sempre a sua melhor forma e preserve.

Não abandone os combinados!

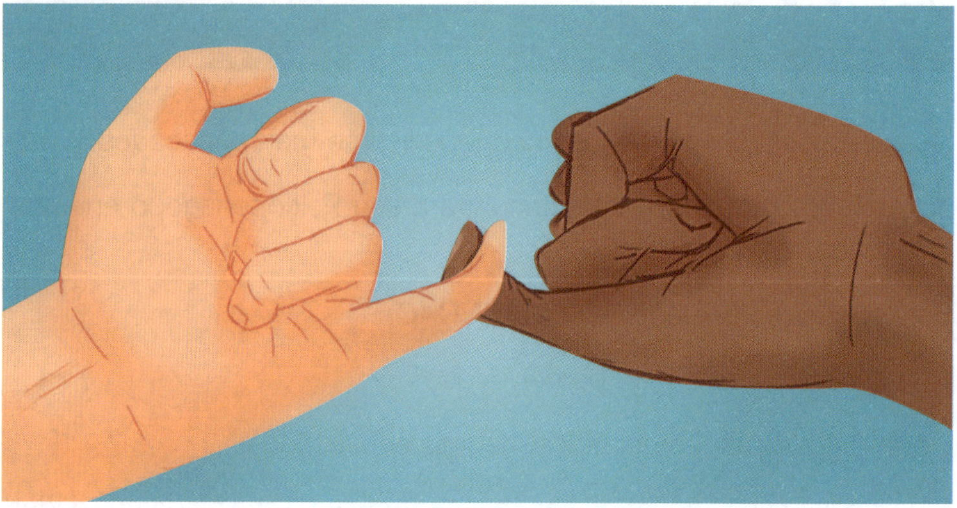

Às vezes, as coisas podem ficar um pouco ruim, novamente, mas, como todo tempo ruim, com certeza passará. Depende de você!

Pode ficar frustrado, mas só por uns instantes, mas se prolongar, peça ajuda.

Não pare, você trabalhou muito para alcançar bons resultados!

Já sabe o que fazer...

AGORA...

Chegou a hora do adeus, mas, sempre que precisar, as portas estarão abertas.

Não tenha medo das novidades, isto é **APRENDIZAGEM** e você já criou suas estratégias, para caminhar com ela.

Não é mesmo? A caminhada não precisa ser solitária. Tenha pessoas ao seu lado, que torcem e acreditam na sua vitória.

Conhece o caminho e o telefone. Sempre poderá solicitar a seus familiares, que marquem um novo horário.

Sentirá saudades e haverá saudades.

Mas seu prêmio e maior recompensa é andar com suas próprias pernas e saber que pode pedir ajuda sempre. Frustração nunca mais! Seja flexível!!

Isto se chama ***ALTA DO TRATAMENTO PSICOPEDAGÓGICO***.

Agora, você pode falar, com muita propriedade, sobre o porquê veio a este profissional da psicopedagogia.

Para que foi mesmo?

Para você construir, organizar e aprender as rotas, que utiliza e como ocorre o processo do que me é ensinado. Transformando toda esta informação em conhecimento.

Você poderá exclamar: - Uau! Estou fera!

Parabéns!

Concluiu esta etapa com chave de ouro!

Formamos uma ótima dupla de parceiros; elaboramos nosso ***PLANO DE TRABALHO***, mantivemos as metas e alcançamos o nosso propósito.

Sabe de uma coisa?

Conseguimos, vencemos esta!

Se precisar, em outra situação, saberá onde me encontrar!

E só você poderá falar da sua vida, com liberdade, pois esta pertence somente a você.

Divida os assuntos de sua vida, apenas com pessoas que se importam com você.

Cuide-se !!!

Tem alguma dúvida? Não fique com ela, dívida conosco.

VAMOS APRENDER MAIS UM POUQUINHO? NUNCA É DEMAIS.

Acolhida: recepção que se faz a alguém: acolhida calorosa

Alta: ordem profissional, que dá por terminado um tratamento

Anamnese: conjunto das informações recolhidas

Aprendizagem: experiência ou prática

Autoestima: sentimento de quem se conhece; amor-próprio

Autonomia: aptidão ou competência para gerir sua própria vida, valendo-se de seus próprios meios, vontades e/ou princípios

Comportamento: conjunto de ações de um indivíduo observáveis, objetivamente

Demanda: manifestação de um desejo

Egocentrismo: comportamento daquele que se considera melhor que todos

Estratégias: meios desenvolvidos, para conseguir alguma coisa

Ética: comportamento baseado na prudência e no respeito por si e

Flexibilidade: qualidade da pessoa que é compreensiva

Frustação: estado do indivíduo, que fica recalcado, quando seu desejo não se realiza

Habilidades: capacidade, destreza, agilidade

Impulsividade: atitude executada, antes de pensar bem

Independência: liberdade, autonomia para tomar decisões

Laudo: texto que contém um parecer técnico, uma opinião especializada

Manutenção: reduzir a probabilidade de falha

Maturidade: estado das pessoas que atingiram completo desenvolvimento o que pode atrapalhar a progressão de algo ou de alguém

Obstáculos: aquilo que dificulta ou impede a realização de um movimento

Organização: procedimento de quem sabe por em ordem seus movimentos pelo outro

Paciente: indivíduo que sabe esperar, tranquilamente; quem recebe um tratamento

Processo: ação que expressa continuidade na realização de determinada atividade

Psicopedagogia: é a área do conhecimento que estuda como as pessoas constroem o conhecimento

Recalcado: indivíduo insatisfeito, porque não realizou seus desejos, suas vontades

Recompensa: prêmio, bônus para vencedores

Sessão: período de tempo em que uma atividade é realizada

Sigilo: segredo

Fonte: Dicionário Aurélio

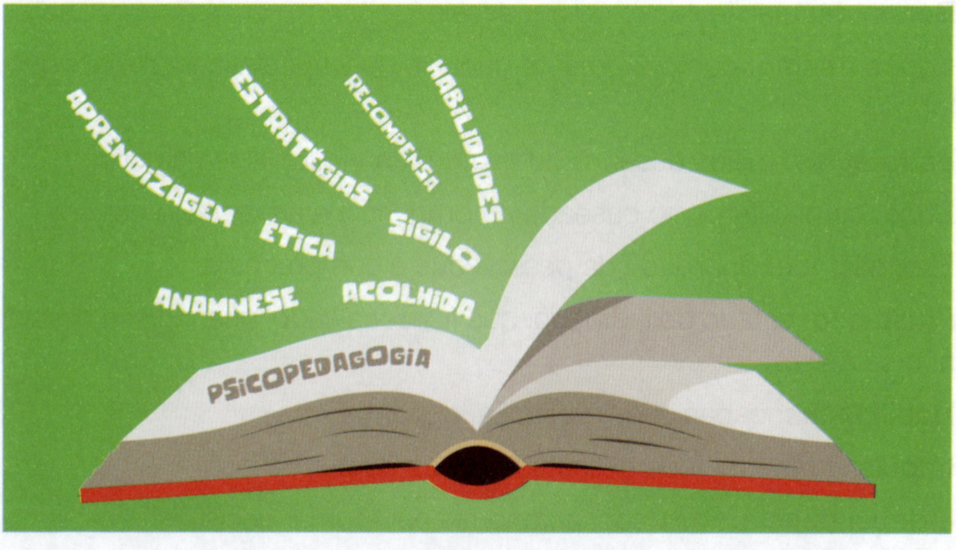

ANEXO DE FICHAS E QUADROS PARA ATIVIDADES INTERVENTIVAS EM PSICOPEDAGOGIA

Este anexo tem o objetivo de acompanhá-lo em seus encontros com o profissional de Psicopedagogia. As atividades serão desenvolvidas em conjunto com você.

Queremos que cresça e mantenha o foco em seus ideais e propósitos.

Acreditamos em seu potencial, competência e tolerância, para superar as dificuldades apresentadas, com foco e determinação.

Não existe mágica e sim caminhos e todos envolvem muito esforço.

Sabe para que? Para que você valorize a trajetória.

Está no time dos vencedores. Quem mostra a cara é corajoso.

Vamos nessa. Confiança é a chave da primeira porta. As outras abriremos juntos.

Abra esta porta, camarada, que eu quero passar. Vem comigo!!!

Em cada encontro terá uma surpresa planejada!

ATIVIDADE 1

ANAMNESES

ANAMNESE PARA FAMÍLIA

Formulário de Observação Familiar - FOFr

Observação: Esta anamnese é de extrema importância. Todos os dados fornecidos são sigilosos. Este instrumento só poderá ser manuseado por profissionais da área com registro, capacitação e permissão. A responsabilidade será dos profissionais que acompanham o caso. Não se esqueça! Atualize seu prontuário a cada consulta, sempre usando registro e data. Todo material será avaliado a cada sessão. Se tiver alguma dúvida na condução do caso faça uma supervisão clínica. Esta irá auxiliar-lhe muito.

ANAMNESE INFANTIL E ADOLESCENTE

Senhores pais, precisamos de mais informações sobre seu filho(a), para assisti-lo(a) com maior qualidade e assertividade, com a finalidade de conhecê-lo(a) melhor.

Nome da criança: ____

Data de nascimento: ___/___/___ Idade: _____Sexo: F ( ) M( )

Endereço: ____

____

Telefone: ( )____________( )____________( )____________

Acompanhado por: _____________________________________

Estuda: ( ) Sim ( ) Não Instituição ________________________

Escolaridade: ________ Escola: (particular ou Pública) ________

Filiação: Pai: ____

Mãe: ____

Profissão e escolaridade dos pais: ______________________

____

____

1. Queixa principal:

____

____

____

____

____

____

História da queixa (inicio do problema, evolução clínica)

____

____

____

____

____

____

____

____

2. Gestação

Pré-natal: ( ) Sim ( ) Não A partir de qual mês de gestação: ____mês

Idade dos pais na gestação: Pai ______ anos Mãe _______ anos

Período de gestação: ______ meses

Fatos marcantes durante a gestação:

( ) Sofreu queda durante a gestação ( ) Teve sintomas de aborto

( ) Era fumante ( ) Usou Drogas

( ) Consumia bebidas alcoólicas ( ) Doenças Graves. Quais:

____

( ) Fez uso de medicamento. Quais: ________________

____

Outros: ______________________________________

____

3. Parto

A criança nasceu em: ( ) Hospital ( ) Residência ( ) Outro:

____

O parto foi: ( ) Normal ( ) Cesariana ( ) Outro: ______________

A criança chorou ao nascer: ( ) Sim ( ) Não ( )Não sabe informar

O bebê ficou em incubadora: ( ) Sim ( ) Não ( ) Não sabe informar

Apgar: ___/___ Peso: ______Kg Comprimento: ____________cm

Alta hospitalar em: ______meses ______dias ( ) Não sabe informar

Obs: ____

____

____

____

____

____

4. Infância

Aleitamento:

( ) Seio Duração: _____ anos _____ mês (es)

( ) Mamadeira – Qual bico? ( ) Comum ( ) Ortodôntico

Duração: _____ anos _____ mês (es)

Usou bico: ( ) Sim ( ) Não ( ) Qual Bico? ( ) Comum ( ) Ortodôntico

Não Duração: _____ anos _____ mês (es)

Refluxo: ( ) Sim ( ) Não

Obs: ____

____

____

____

____

5. Desenvolvimento da Linguagem

Em qual idade a criança:

Balbuciou: _____ anos _____ mês (es) ( ) Não sabe ou não lembra

Pronunciou a primeira palavra: _____ anos _____ mês (es) ( ) Não sabe ou não lembra

Disse a primeira frase: : _____ anos _____ mês (es) ( ) Não sabe ou não lembra

A criança se comunica através de: ( ) Gestos ( ) Palavras ( ) Palavras e gestos ( ) Outros ______________________________

____

____

____

6. Desenvolvimento motor

Em qual idade a criança começou a:

Arrastar: _____ anos _____ mês (es) ( ) Não sabe ou não lembra

Controle cervical e escapular: _____ anos _____ mês (es) ( ) Não sabe ou não lembra

Engatinhar: _____ anos _____ mês (es) ( ) Não sabe ou não lembra

Sentar: _____ anos _____ mês (es) ( ) Não sabe ou não lembra

Andar: _____ anos _____ mês (es) ( ) Não sabe ou não lembra

Apresenta algum aspecto indicativo de problemas de postura? Qual? ____

____

____

Outros: ____

____

____

____

7. Comportamento

( ) Sono tranquilo ( ) Sono Agitado ( ) Tímida ( ) Extrovertida
( ) Irritada ( ) Calma ( )Chupa dedo ( ) Roí Unha ( ) Chupa bico
( ) Inquieta ( ) Estabanada ( ) Dificuldade em memorizar
( ) Sonolência durante o dia ( ) Insônia ( ) Desatenta
( ) Dificuldade em limites e regras ( ) Agressividade ( ) Enurese
( ) Problemas com autoestima ( ) Atividades Físicas ( ) Outros

____

____

Obs: ____

____

____

____

____

8. Principais doenças ocorridas na infância

( ) Não teve ( ) Otites frequentes ( ) Meningite ( ) Hepatite
( ) Sarampo ( ) Catapora ( )Bronquite ( ) Laringite/ faringite/ amidalites frequente ( ) Rubéola ( ) Cólera ( ) Asma
( ) Acidente grave ( ) Alergia

Outras ____

____

____

9. Exames feitos ou pedidos por outros profissionais.

( ) Exame de Oftalmologia ( ) Audiometria ( ) PAC
( ) Exames Clínicos ( ) P300 ( ) Pesquisa Genética
( ) Mapeamento Cognitivo ( ) Avaliação Neuropsicológica
( ) Exames de Investigação Médica ( ) Exames de Investigação Fonoaudiológica ( ) Exame de Investigação Fisioterápica

Outros: ______________________________

____

____

____

10. Tratamento e medicamento

Toma algum medicamento? Qual (is), dosagem? ( ) Sim ( ) Não

____

____

____

____

Já realizou tratamento com algum profissional? Qual (is):

____

____

____

____

Nome e contato do(s) profissional (is)

____

____

____

Finalizou o tratamento? ( ) Sim ( ) Não ( ) Outro

Obs: ____

____

____

____

____

11. Histórico familiar

____

____

____

____

____

____

____

____

____

____

____

____

____

____

____

____

____

____

____

12. Dificuldades escolares

( ) Problema de leitura ( ) Problema na escrita ( ) Problema com cálculos ( ) Baixo rendimento escolar ( ) Letra ilegível ( ) Outros

____

____

____

____

____

____

____

Contato com a escola: ______________________________

____

13. Socialização

( ) Bem adaptado à escola ( ) Bom relacionamento com os professores ( ) Tem amigos ( ) Bom relacionamento com a família (irmão, primos, pais) ( ) Acompanha a turma

Outros: ______________________________________

____

____

____

Obs: ____

____

____

____

____

14. Outras informações relevantes

Encaminhamento ( ) Sim ( ) Não Quais:

Por que?

Estratégias

Observação: Anexo cadernos, provas, xerox de exames e relatórios anteriores ( ) Sim ( ) Não ( ) Solicitar Quais ? ________________

___

___

___

Observação:

Organização:

___

___

___

Caligrafia:

___

___

___

Boletim :

___

___

___

Provas :

___

___

___

___

Relatórios:

Outros:

Espaço para o Genograma:

Síntese diagnóstica:

____

____

____

____

Condução Interventiva

____

____

____

____

Indicação de Intervenções Conjunta: ( ) Fonoaudiologia ( ) Psicologia ( ) Terapia Ocupacional ( ) Fisioterapia ( ) Médico ( ) Professores Auxiliares ( ) Outros

____

Por que?

____

____

____

Assinatura do responsável: ________________________ Data / /

Após a conclusão, a instituição de Ensino será informada do resultado deste processo investigado? ( ) Sim ( ) Não ( ) Se houver autorização da família.

ANAMNESE PARA ESCOLA

Formulário de Observação Escolar - FOEs

Coordenador(a),

solicitamos o auxílio desta instituição parceira para investigação diagnóstica de um de seus educandos.

Acreditamos que a comunicação clara e assertiva será nossa interação; vamos trabalhar juntos num mesmo ideal. Sabemos que as preocupações envolvendo os comportamentos e aprendizado da criança ou adolescente, geralmente são levantadas primeiro por profissionais da escola e depois pelos pais ou responsáveis ou conjuntamente.

Sabendo desta importância, contamos com sua ajuda, para nos auxiliar no processo diagnóstico deste aluno, para juntos, chegarmos a um bom resultado.

Estamos enviando um formulário para ser preenchido pelas pessoas envolvidas neste processo e que mantêm contato com o aluno. É um grande prazer caminharmos juntos. Em breve manteremos um contato mais expressivo. Deixo meu e-mail e meu telefone de contato.

Desde já agradeço o apoio.

FORMULÁRIO DE OBSERVAÇÃO PREENCHIDO PELOS PROFISSIONAIS ENVOLVIDOS COM O ALUNO

Nome do aluno (a) ____

Série: ________ Turno: ________

Idade: ____anos e ____meses Data de nascimento ____/____/____

Informações do(a) professor(a) informante:

Nome: ____

E-mail: ____

Assinatura: ____

Informações da escola:

Nome

____

Endereço

____

CEP: ____________ Telefone: ____________________

Coordenador(a):

____

E-mail:

____

Fatores Intelectuais

1. Segue instruções dadas individualmente? ( ) Sim ( ) Não ( ) Às vezes

2. Segue instruções dadas em grupo? ( ) Sim ( ) Não ( ) Às vezes

3. Apresenta iniciativa frente a situações novas? ( ) Sim ( ) Não ( ) Às vezes

4. Sabe receber informações e sabe solicitá-las em tempo oportuno? ( ) Sim ( ) Não ( ) Às vezes

5. Mantém a concentração, ouvindo ou lendo histórias e sabe reproduzi-las? ( ) Sim ( ) Não ( ) Às vezes

6. Assimila e aplica o que é ensinado? ( ) Sim ( ) Não ( ) Às vezes

7. Tem motivação para aprender? ( ) Sim ( ) Não ( ) Às vezes

8. Expressa seus pensamentos com facilidade? ( ) Sim ( ) Não ( ) Às vezes

9. É autônomo nas atividades escolares? ( ) Sim ( ) Não ( ) Às vezes

10. Demonstra compreensão nas atividades que envolvem elaboração e raciocínio? ( ) Sim ( ) Não ( ) Às vezes

11. Memoriza as atividades solicitas com facilidade? ( ) Sim ( ) Não ( ) Às vezes

12. Tem alguma dificuldade de aprendizagem? ( ) Sim ( ) Não ( ) Às vezes

Em que disciplinas?

____

____

____

____

13. Demonstra organização dos objetos e ideias apresentadas?
( ) Sim ( ) Não ( ) Às vezes

Fatores Emocionais e Sociais

1. Apresenta ou apresentou dificuldade de adaptação?
( ) Sim ( ) Não ( ) Às vezes

Qual?

____
____
____

2. Como se apresenta aos seus pares?

____
____
____

3. Tem autonomia e resolve problemas que lhe são apresentados?

____
____
____

4. É agressivo ou enfrentativo? ( ) Sim ( ) Não ( ) Às vezes

5. É cooperador, não se nega a fazer as coisas? ( ) Sim ( ) Não ( ) Às vezes

6. É independente, não precisando do auxílio dos professores ou de mediação fora de sala de aula?
( ) Sim ( ) Não ( ) Às vezes

7. É confiante, não pedindo aprovação? ( ) Sim ( ) Não ( ) Às vezes

8. É sociável, não sendo muito egoísta, vaidoso ou exibicionista? ( ) Sim ( ) Não ( ) Às vezes

9. Tem foco nas atividades solicitadas? ( ) Sim ( ) Não ( ) Às vezes

10. É disciplinado? ( ) Sim ( ) Não ( ) Às vezes

11. É irrequieto em sala de aula e em outros ambientes? ( ) Sim ( ) Não ( ) Às vezes

12. Normalmente, em atividades em grupo, é participativo? ( ) Sim ( ) Não ( ) Às vezes

13. É impulsivo? ( ) Sim ( ) Não ( ) Às vezes

14. Sabe obedecer comandos dados, na primeira vez? ( ) Sim ( ) Não ( ) Às vezes

15. Participa de atividades que não sejam pura recreação? ( ) Sim ( ) Não ( ) Às vezes

16. É comunicativo(a) ? ( ) Sim ( ) Não ( ) Às vezes

17. Apresenta comportamentos que indicam sinais de ansiedade, depressão, irritabilidade, manipulação, tiques, cacoete ou outros sinais que valem a pena ser mencionados? ( ) Sim ( ) Não ( ) Às vezes

Quais?

____

____

____

18. É autônomo nas áreas do vestuário, alimentação, higiene e matérias? ( ) Sim ( ) Não ( ) Às vezes

19. Tem controle nas suas necessidades básicas? ( ) Sim ( ) Não ( ) Às vezes

Situação psicomotora – visomotora

1. Lateralidade bem definida? ( ) Sim ( ) Não ( ) Às vezes

2. Coordenação motora compatível com a idade? ( ) Sim ( ) Não ( ) Às vezes

3. Destreza nas atividades físicas e no recreio? ( ) Sim ( ) Não ( ) Ás Ve Às vezes zes

4. Ordena e diferencia formas, tamanhos gravuras em sequência lógica? ( ) Sim ( ) Não ( ) Às vezes

5. Faz cópias do quadro com facilidade? ( ) Sim ( ) Não ( ) Às vezes

6. Realiza os exercícios em tempo hábil? ( ) Sim ( ) Não ( ) Às vezes

7. Tem toda a matéria no caderno de cada disciplina? ( ) Sim ( ) Não ( ) Às vezes

8. Esquece regras e limites? ( ) Sim ( ) Não ( ) Às vezes

Escrita

1. Tem letra legível? ( ) Sim ( ) Não ( ) Às vezes

2. Sabe ocupar corretamente a linha? ( ) Sim ( ) Não ( ) Às vezes

3. Omite letras? ( ) Sim ( ) Não ( ) Às vezes

Quais?

____

____

____

____

4. Troca letras? ( ) Sim ( ) Não ( ) Às vezes

Quais?

___

___

___

5. Omite letras? ( ) Sim ( ) Não ( ) Às vezes

Quais?

___

___

___

6. Inverte ou inventa letras? ( ) Sim ( ) Não ( ) Às vezes

Quais?

___

___

___

7. Já escreveu ou escreve de trás para frente? ( ) Sim ( ) Não ( ) Às vezes

8. Mantém postura ao escrever? ( ) Sim ( ) Não ( ) Às vezes

9. Mantém os pês no chão, quando escreve? ( ) Sim ( ) Não ( ) Às vezes

10. Segura corretamente o lápis ou caneta? ( ) Sim ( ) Não ( ) Às vezes

11. Mesmo copiando, erra? ( ) Sim ( ) Não ( ) Às vezes

12. Respeita as margens e o espaçamento das linhas?
( ) Sim ( ) Não ( ) Às vezes

13. Conhece a sequência das letras do alfabeto? ( ) Sim ( ) Não ( ) Às vezes

14. Conhece as regras ortográficas? ( ) Sim ( ) Não ( ) Às vezes

15. Reconhece as letras do alfabeto quando essas estão misturadas? ( ) Sim ( ) Não ( ) Às vezes

Matemática – Raciocínio Lógico

1. Conhece a sequência dos números? ( ) Sim ( ) Não ( ) Às vezes .

Até quando?

____

2. Escreve números espelhados (invertidos)? ( ) Sim ( ) Não ( ) Às vezes

Quais?

____

3. Desenvolve cálculo mental? ( ) Sim ( ) Não ( ) Às vezes

4. Calculo mental, envolvendo números até 9 ou maior?
( ) Sim ( ) Não (Às vezes

5. Efetua operações? ( ) Sim ( ) Não ( ) Às vezes

Quais?

____

____

____

6. Desenvolve problemas? ( ) Sim ( ) Não ( ) Às vezes

Quais estratégias?

___

___

___

7. Decompõe e compõe numerais? ( ) Sim ( ) Não ( ) Às vezes

Com quais estratégias?

___

___

___

8. Demostra interesse pela matemática? ( ) Sim ( ) Não ( ) Às vezes

Linguagem e Leitura

1. Leitura fluente? ( ) Sim ( ) Não ( ) Às vezes
2. Omite ou troca letras? ( ) Sim ( ) Não ( ) Às vezes .

Quais?

___

3. Gagueja quando lê? ( ) Sim ( ) Não ( ) Às vezes
4. Aproxima muito os olhos para fazer a leitura? ( ) Sim ( ) Não ( ) Às vezes
5. Usa óculos? ( ) Sim ( ) Não ( ) Às vezes Para qual finalidade?

___

6. Pronuncia corretamente todas as palavras que lê e fala?
( ) Sim ( ) Não ( ) Às vezes

7. Tem vocabulário ideal para sua idade? ( ) Sim ( ) Não ( ) Às vezes

8. Faz leitura com entonação e ritmo adequado? ( ) Sim ( ) Não ( ) Às vezes

9. Gosta de ler ? ( ) Sim ( ) Não ( ) Às vezes

10. Interpreta o que lê ? ( ) Sim ( ) Não ( ) Às vezes

Situação Física

1. A situação física dificulta ou impossibilita na realização das tarefas escolares?
( ) Sim ( ) Não ( ) Às vezes

Quais?

____

____

____

2. As mãos ficam frias ou suadas frente a situações novas? ( ) Sim ( ) Não ( ) Às vezes

Em quais situações?

____

____

____

3. Tem dores abdominais ou cefaleia em situações de prova, leitura ou outros que traz desconforto a ele? ( ) Sim ( ) Não ( ) Às vezes

Quais reações?

____

____

____

____

Situação Familiar

1. Os pais comunicam-se com a direção e coordenação?
( ) Sim ( ) Não ( ) Às vezes

2. A família denota alguma preocupação específica?
( ) Sim ( ) Não ( ) Às vezes

Quais?

____

____

____

____

3. Os pais cooperam com o desenvolvimento escolar de seu filho?
( ) Sim ( ) Não ( ) Às vezes

De que maneira?

____

____

____

____

4. Os pais são frequentes nas reuniões ou atividades na escola?
( ) Sim ( ) Não ( ) Às vezes

5. Justificam as faltas? ( ) Sim ( ) Não ( ) Às vezes

____

____

____

6. São de fácil contato e diálogo? ( ) Sim ( ) Não ( ) Às vezes

7. A expectativa familiar a respeito do aluno é alta? ( ) Sim ( ) Não ( ) Às vezes

8. O ambiente familiar proporciona ao aluno uma vida social que cria elementos de experiências de vida, passeios, revistas, jogos, conversas? ( ) Sim ( ) Não ( ) Às vezes

Quais?

____

____

____

Área Escolar e Funcionalidade

Como os(as) professores(as) percebem o aluno em sala de aula e suas perspectivas em relação ao desempenho da turma?

____

____

____

____

____

____

____

____

Outras observações

____

____

____

Marque no quadrante a seguir o lugar que você ocupa em sala de aula.

Marque o local onde os colegas com os quais mais interagem, sentam-se.

É uma sala dinâmica? ( ) Sim ( ) Não ( ) Às vezes

Responde bem às regras e limites estabelecidos em sala? ( ) Sim ( ) Não ( ) Às vezes

Mantém relações de compromisso e respeito com os colegas e professores? ( ) Sim ( ) Não ( ) Às vezes

Assume compromissos e os cumpre? ( ) Sim ( ) Não ( ) Às vezes

Justifica os erros com mentiras ou culpando terceiros? ( ) Sim ( ) Não ( ) Às vezes

Inquieto(a) em sala de aula ( ) Sim ( ) Não ( ) Às vezes

Passivo(a) e desatento(a)? ( ) Sim ( ) Não ( ) Às vezes

Impulsivo(a)? ( )Sim (Não) Às vezes

Agressivo(a)? ( ) Sim ( ) Não ( ) Ás Vezes

Está o tempo todo se mexendo e levando outros consigo? ( ) Sim ( ) Não ( ) Às vezes

Humorista? ( ) Sim ( ) Não ( ) Às vezes

Teatral? ( ) Sim ( ) Não ( ) Às vezes

Queixoso? ( ) Sim ( ) Não ( ) Às vezes

QUADRANTE

Janela | Janela | Janela | Janela | Porta

Fundo	Fundo	Fundo	Fundo	Fundo	Fundo	Fundo	Fundo
Canto	Fundo	Fundo	Fundo	Fundo	Fundo	Fundo	Canto
Canto			Centro	Centro			
Canto			Centro	Centro			Canto
Canto			Centro	Centro			Canto
Canto			Centro	Centro			Canto
Canto			Centro	Centro			Canto
Canto			Centro	Centro			Canto
			Centro	Centro			
Frente	Frente	Frente	Frente	Frente	Frente	Frente	Frente

Professor(a)

Ele se sente bem neste espaço? (   ) Sim (   ) Não (   ) Às vezes

Descreva seu comportamento em sala de aula

____

____

____

Assinatura ______________________________

Data ______/______/______

ANAMNESE PARA O PACIENTE EM PSICOPEDAGOGIA

Formulário de Observação do Paciente - FOP

Vamos iniciar nossa anamnese?

Saber de você é muito importante.

Sua história faz a diferença, em todo o nosso processo. Vamos relembrar o Sigilo. O que você falar aqui, fica aqui. Por isto, sinta-se seguro(a) e fique confortável ao contar sua história de vida, pois este segredo ficará bem guardado.

Vou falar meu Nome e um pouco sobre mim, tudo bem?

Agora é a sua vez!

Por que chegou aqui?

____

____

____

Quem o indicou?

____

____

____

Sabe porquê está aqui? (   ) Sim (   ) Não

O que sabe sobre sua vinda aqui no psicopedagogo(a)?

____

____

____

Você sabe o que faz um psicopedagogo(a)? (   ) Sim (   ) Não. Vamos descobrir juntos

____

____

____

Vamos ler novamente o início deste livro, para tirar todas suas dúvidas. Vamos lá?

Até breve!

Agora que as dúvidas foram sanadas, vamos nos conhecer melhor? Vamos trabalhar?

Quanto mais a verdade nortear nossos encontros, quanto mais envolvimento, alcançaremos sucesso.

Ás vezes, não terá vontade de falar, mas o silêncio também diz muita coisa.

Saber de você faz muita diferença. Vamos começar nosso assunto?

O tema é você e sua história. Levantamento de hipóteses e saber o que sente com tudo que está acontecendo.

Abaixo encontrará uma série de perguntas, que iremos preencher/ responder juntos e outras com seus familiares. Isto é a ***ANAMNESE***.

Não precisa ser em um dia só; podemos programar uma quantidade de sessões, para esta atividade. Mas temos que manter nosso foco!

Vamos combinar.

Lembre: quanto mais verdadeiro(a), mais e melhores resultados teremos.

Confio em você.

Vamos para nosso papo cabeça?

1. Seu nome completo, altura e peso.

____

____

____

Quem escolheu seu nome?

Você sabe qual o significado de seu nome? Vamos pesquisar?

Tem um apelido carinhoso ou um, que o(a) deixa muito triste ou não gosta?

2. Nome dos pais e demais familiares importantes na sua vida. Se quiser, conte seus apelidos, se tiverem. E histórias engraçadas sobre eles.

Você conhece a história de seus pais? Como nasceram, o porquê dos nomes? Como foram na infância, na adolescência? E na escola? Como se conheceram? Vamos pesquisar?

____

____

____

____

Tem registro (fotos, vídeos, e-mails, etc.) dos seus pais, nestas épocas?

____

____

____

Quantas vezes teve acesso a este acervo?

____

____

____

____

Onde é guardado?

____

____

____

____

3. Data do seu nascimento: ______/______/______

4. Diga o tanto que esta data é importante para você e para seus familiares.

____

____

____

____

5. Local do nascimento:

____

____

____

6. Conte como foi seu nascimento?

( ) Parto normal

( ) Cesariana

( ) Outros

____

____

____

____

7. Conte-me o que sabe sobre seu parto. Ou como chegou na família.

____

____

____

____

8. O que lhe contaram sobre sua gestação?

9. Houve alguma intercorrência? Você sabe o que significa esta palavra? Vamos pesquisar? Procure sempre fontes confiáveis.

10. Como seus pais se prepararam, para receber você, da gestação ao nascimento?

11. Qual a idade de seus pais, quando você nasceu?

Seus pais são casados há quanto tempo?

Aonde se casaram? Onde passaram a lua de mel? Vamos pesquisar?

Se separados, há quantos anos ou meses? Contaram-lhe sobre o motivo? Vamos pesquisar?

Se casaram com outras pessoas? Formaram novas famílias? Se sente confortável com a nova situação? Tem espaço na nova casa para você? E as rotinas e combinados são as mesmas da casa que você mora? Seus pais, mesmos separados, combinam entre si, no que diz respeito a sua vida e educação? Conte o que sabe ou percebe. Lembre-se, o sigilo faz parte de nosso tratamento! Pesquisamos, mas não contamos. O que fala aqui, fica aqui. Lembra?

12. Tem registro desta fase? (Fotos, filmagens e outros) Qual a quantidade?

____

____

____

____

13. Você é:

( ) Filho(a) único(a)

( ) O(a) mais velho(a)

( ) O(a) do meio

( ) O(a) caçula

14. Gostaria de trocar de lugar com algum irmão? Qual?

____

____

____

Por que?

____

____

____

É filho(a) único(a)? Gostaria de ter irmãos? Quantos? Por que?

____

____

____

15. Possui traços, fisionomia, comportamentos parecidos com sua mãe ou seu pai? Ou de algum membro da família?

Quais?

16. Gostaria de parecer com outra pessoa?

Por que?

17. Gostaria de ser tratado(a) de uma forma diferenciada na família?

Por que?

18. Você teve ou tem alguma doença?

____

____

Quais?

____

____

____

____

E seus familiares?

____

____

____

____

Dorme bem? ( ) Sim ( ) Não ( ) Às vezes

Que horas dorme? ____

Que horas desperta? ______________________________________

Quantas horas dorme por noite? ____________________________

Gosta de ficar sozinho(a) ( ) Sim. ( ) Não. ( ) Às vezes. Em qual local da casa?

____

____

____

____

Como está sua vida sentimental? Já teve experiências sexuais? Ficou com alguém com autorização ou sem autorização. Como se sentiu? E beijos? Masturbação? Fale tudo; está em ambiente seguro!

19. Como é a rotina da casa onde você mora? Como funciona?

20. Quem determina a rotina da casa?

Você ajuda na rotina?

Qual é a sua tarefa? Quantas vezes, na semana?

Se você não colaborar, quais as consequências desta escolha?

21. Como é sua estrutura familiar?

( ) Papai, mamãe e filhos

( ) Dois Papais e filhos

( ) Duas Mamães e filhos

( ) Mamãe, avós e filhos

( ) Papai, avós e filhos

( ) Mamãe, tios e filhos

( ) Papai, tios e filhos

( ) Mamãe e filhos

( ) Papai e filhos

( ) Outros

A estrutura de sua família agrada-lhe? Você mudaria algo? Como? Por que?

____

____

____

____

____

____

22. Como é a convivência em família? ( ) Boa. ( ) Ruim. ( ) Média. ( ) Imparcial

Tipo de convivência ( ) Afetuosa. ( ) Comunicativa. ( ) Respeitosa. ( ) Superprotetora. ( ) Distante.

( ) Agressiva. ( ) Compartilhada. ( ) Estável. ( ) Confusa. ( ) Aglutinada. ( ) Exigente. ( ) Esquisita. ( ) Cuidadosa. ( ) Outros.

____

____

____

Sua família mantém um diálogo aberto? ( ) Sim. ( ) Não. ( ) Ás Vezes. ( ) Falam demais.

Há conflitos (brigas, bate-boca, desavenças, etc.) na sua casa? ( )Sim. ( ) Não.

Por que?

____

____

____

____

Você sente que é o motivo dos conflitos? ( ) Sim. ( ) Não. ( ) Às Vezes. ( ) Sempre me acusam. ( ) Outros.

____

____

____

____

Tem certeza? ( ) Sim. ( ) Não. ( ) Às vezes.

A minha família diz que:

____

____

____

____

Como são administrados os conflitos em sua casa?

____

____

____

____

Quem exerce autoridade em casa? ( ) Pai. ( ) Mãe. ( ) Irmãos. ( ) Ninguém. ( ) Outros

Como funciona esta autoridade? Determinada por quem? Aprovada ou imposta?

____

____

____

____

De que maneira? ( ) Explícita. ( ) Implícita. ( ) Secreta. ( ) Desconsiderada.

Vamos falar sobre isto? ( ) Sim. ( ) Não. ( ) Depois.

Vamos nos programar para a data ______/______/______

As normas, combinados e regras são bem estabelecidas e acompanhadas? ( ) Sim. ( ) Não. ( ) Às vezes.

Vamos falar sobre isto? ( ) Sim. ( ) Não. ( ) Depois. Quando? ______/______/______

Cumpre as normas regras e combinados? ( ) Sim. ( ) Não. ( ) Às vezes. ( ) Com ameaças. ( ) Com recompensas

Vamos falar sobre isto? ( ) Sim. ( ) Não. ( ) Depois. Quando? ______/______/______

As normas, combinados e regras são determinados de que forma? ( ) Somente pelos pais. ( ) Em família. ( ) Por você. ( ) Pelos irmãos mais velhos. ( ) Por outros parentes. ( ) Por amigos. ( ) Por profissionais que me acompanham. ( ) Pela serviçal da casa. ( ) Outros.

Vamos falar sobre isto? ( ) Sim. ( ) Não. ( ) Depois. Quando?

______/______/______

____

____

____

Como é sua relação com seus irmãos?

( ) Positiva. ( ) Enriquecedora. ( ) Atitudes Competitivas. ( ) Tratamento Preferencial (por idade, sexo, outros). ( ) Cuidados exagerados. ( ) Rivalidade. ( ) Não converso com meu irmão(ã). ( ) Outros.

Vamos falar sobre isto? ( ) Sim. ( ) Não. ( ) Depois. Quando?

______/______/______

____

____

____

____

Como é sua relação com seus pais ou com quem está nesta função?

( ) Autoritária. ( ) Impositiva. ( ) Indiferente. ( ) Com diálogo. ( ) Com admiração. ( ) Silenciosa. ( ) Conflitiva. ( ) Desafiadora. ( ) Carinhosa. ( ) Respeitosa. ( ) Amiga. ( ) Com ciúme. ( ) Me importo com eles. ( ) Abusiva. ( ) Irritante. ( ) Conflito de Geração. ( ) Pegam no meu pé. ( ) Sem Noção. ( ) Outros ( ).

Vamos falar sobre isto? (   ) Sim. (   ) Não. (   ) Depois. Quando?
______/______/______

23. Quem cuida de sua da Educação, Alimentação, Vestuário, Higiene e Vida Social? Como é organizado em sua casa?

Vamos falar sobre isto? (   ) Sim. (   ) Não. (   ) Depois.

Vamos nos programar, para esta data ______/______/______

Como é a sua Alimentação? E da Família? Come de tudo? Gosta de qual tipo de comida?

Quem cozinha na sua casa? Você ajuda? Gosta de cozinhar?

As alimentações são feitas à mesa, com a família? ( ) Sim. ( ) Não. ( ) Às vezes.

Cuida do seu peso? ( ) Sim. ( ) Não. ( ) Às vezes.

E a família?

____

____

____

____

Como se vê? ( ) Acima do peso. ( ) Abaixo do peso. ( ) Peso ideal. ( ) Outros.

____

____

____

____

Faz exercícios físicos? ( ) Sim. ( ) Não. ( ) Sedentário(a).

E a família?

____

____

____

____

____

Toma banho, sem necessitar ser lembrado? ( ) Sim. ( ) Não. ( ) Ás Vezes.

____

____

E o cuidado com os dentes? Unhas? Cabelos? Axilas? Partes íntimas? Pele? Olhos? Ouvidos?

____

____

____

____

Precisa de ajuda? (   ) Sim. (   ) Não. (   ) Às Vezes.

Precisa melhorar no quesito higiene? (   ) Sim. (   ) Não.

De que forma?

____

____

____

Qual estilo de roupa é de sua preferência?

____

____

____

Tem roupas para determinadas ocasiões ou não tem? Como por exemplo, roupa para dormir, passear, ficar em casa. (   ) Sim. (   ) Não.

____

____

____

Como organiza estas roupas em seu guarda-roupa? Precisa de ajuda?

____

____

____

Fica de uniforme o dia inteiro? ( ) Sim. ( ) Não. ( ) Às Vezes.

Por que?

____

____

Tem Mesada, Semanada ou outros? Como administra? Quais são as regras para receber? Recebe mais algum dinheiro de alguém?

Vamos falar sobre isto? ( ) Sim. ( ) Não. ( ) Depois.

Vamos nos programar, para esta data ______/______/______

____

____

____

____

Tem dinheiro guardado? ( ) Sim. ( ) Não.

Participa da organização da planilha financeira familiar?
( ) Sim. ( ) Não. ( ) Às vezes.

Tem conhecimento da dinâmica financeira da casa?
( ) Sim. ( ) Não. ( ) Às vezes.

Sabe sobre a vida profissional de seus pais? ( ) Sim. ( ) Não.

Tem conhecimento da renda familiar? ( ) Sim. ( ) Não.

Como cuida de sua higiene?

____

____

____

____

Ajuda no orçamento da casa?

( ) Sim. ( ) Não. ( ) Às vezes.

Como? ( ) Economiza na Luz , Água, Telefone e Lanche.
( ) Organização da casa. ( ) Alimentação. ( ) Vestuário.
( ) Preservação de objetos pessoais. ( ) Empresta. ( ) Outros.

Vamos falar sobre isto? ( ) Sim. ( ) Não. ( ) Depois.

Vamos nos programar, para esta data ______/______/______

____

____

____

____

Já passaram por crise financeira? ( ) Sim. ( ) Não.

Ficou com receio? ( ) Sim. ( ) Não. ( ) Às vezes .

Vamos falar sobre isto? ( ) Sim. ( ) Não. ( ) Depois

Vamos nos programar, para esta data_______/_________/________

____

____

____

____

24. Como é o local onde você mora? ( ) Casa. ( ) Apartamento.
( ) Casa de Campo. ( ) Condomínio. ( ) Outros.

____

____

____

____

Quantos cômodos e quais as condições?

____

____

____

____

Tem quartos para todos? ( ) Sim. ( ) Não. ( ) Adaptação.

____

____

Você dorme com alguém? ( ) Sim. ( ) Não. ( ) Às vezes.

Com quem? ( ) Irmãos do mesmo sexo. ( ) Irmãos de sexo diferente. ( ) Com meus pais. ( ) Avós. ( ) Outros .

Vamos falar sobre isto? ( ) Sim. ( )Não. ( ) Depois.

Vamos nos programar, para esta data ______/______/______

____

____

____

Como é seu quarto ou onde você dorme?

____

____

____

Você o arruma e organiza? ( ) Sim. ( ) Não. ( ) Às vezes .

E a cama?

____

____

E a mesa ou escrivaninha, onde realiza suas tarefas?

____

____

____

Em qual local realiza suas tarefas escolares? É silencioso? Tem iluminação apropriada?

____

____

____

É um espaço apropriado? ( ) Sim. ( ) Não. ( ) Outros.

____

____

____

Faz suas atividades escolares sozinho(a) ou precisa de ajuda? ( ) Sim. ( ) Não. ( ) Às vezes . ( ) Outro.

____

____

____

Quem mais incentiva você nos seus estudos? Como?

____

____

____

Gosta de ler? ( ) Sim. ( ) Não. Porque?

____

____

Sua família é leitora? (   ) Sim. (   ) Não. (   ) Às vezes .

____

____

E outras atividades? (   ) Vídeo Game. (   ) Jogos. (   ) Televisão. (   ) Telefone. (   ) Internet. (   ) Outros.

____

____

____

____

Apresenta dificuldades em estudar? (   ) Sim. (   ) Não. (   ) Às vezes. (   ) Outro.

Descreva como:

Vamos falar sobre isto? (   ) Sim. (   ) Não. (   ) Depois.

Vamos nos programar, para esta data ______/______/______

____

____

____

____

Tem dificuldade de enxergar no quadro? (   ) Sim. (   ) Não (   ) Às vezes .

Quando?

____

____

____

Tem dificuldade na Leitura e Escrita? Entende o que lê? Como está sua letra?

____

____

____

____

E os Cálculos?

____

____

____

____

Tem dificuldades de ficar com a atenção focada nas atividades propostas? ( ) Sim. ( ) Não. ( ) Às vezes .

Se sim, por que?

____

____

____

____

Acontece com frequência inquietação ou distração? Em quais circunstâncias acontece?

____

____

____

____

____

E a memória? Lembra de toda a matéria? Esquece das coisas, rápido? Esquece os objetos com muita frequência? Não memoriza a matéria estudada? Outros.

____

____

____

Seu caderno é organizado? ( ) Sim. ( ) Não. ( ) Às vezes .

Se não, por que?

____

____

____

____

Tem toda a matéria copiada em tempo real? ( ) Sim. ( ) Não. ( ) Às vezes .

Se não, por que?

____

____

____

____

Pede caderno emprestado dos colegas, para copiar a matéria? ( ) Sim. ( ) Não. ( ) Às vezes .

Se sim, por que?

____

____

____

Não lembra das tarefas de fixação (Deveres)? ( ) Sim ( ) Não ( ) Às vezes

Se não, por que?

____

____

____

Cuida de seus materiais escolares? ( ) Sim. ( ) Não. ( ) Às vezes .

Se não, por que?

____

____

Cuida da organização da sua mochila? ( ) Sim. ( ) Não. ( ) Às vezes.

Se não, por que?

____

____

____

Aceita opinião das pessoas? ( ) Sim. ( ) Não. ( ) Às vezes .

Se não, por que?

____

____

____

É intolerante com as pessoas? ( ) Sim. ( ) Não. ( ) Às vezes .

Se sim, por que?

____

____

É agressivo? ( ) Sim. ( ) Não. ( ) Às vezes .

Se sim, por que?

___

___

___

Com quem você costuma ser agressivo?

___

___

___

Sente-se perseguido(a)? ( ) Sim. ( ) Não. ( ) Às vezes .

Se sim, por que?

___

___

___

Sofre *bullying* ou já sofreu? ( ) Sim. ( ) Não. ( ) Às vezes .

Se sim, por que?

___

___

___

Qual providências foram tomadas?

___

___

___

Come unha? Arranca cabelo, sobrancelhas? ( ) Sim. ( ) Não. ( ) Às vezes .

Se sim, por que?

Tem bruxismo? ( ) Sim. ( ) Não. ( ) Às vezes .

Descreva:

Tem algum tique? ( ) Sim. ( ) Não. ( ) Às vezes .

Quais?

Já foi reprovado(a)? ( ) Sim. ( ) Não.

Se sim, por que?

Quantas vezes você foi reprovado(a)? Qual ano? Quais matérias?

Como reagiu com a reprovação? E sua família? E colegas e amigos?

____

____

____

Em quais matérias você tem maior dificuldade e a que atribui esta dificuldade? Dê sua opinião sincera. Abra seu coração!

Vamos falar sobre isto? ( ) Sim. ( ) Não. ( ) Depois.

Vamos nos programar, para esta data ______/______/______

____

____

____

____

____

E quais as matérias que você mais gosta?

____

____

____

____

____

E sobre os professores, o que você tem a dizer?

____

____

____

____

____

E sua escola? O Espaço? As Atividades? Os Colegas?

Fale o que você pensa sobre o ensino.

A escola que você frequenta é o lugar para você estar? Ou gostaria de mudar de instituição de ensino?

Qual horário escolar? ( ) Manhã. ( ) Tarde. ( ) Dois Horários

Este horário é satisfatório para você? ( ) Sim. ( ) Não. ( ) Às vezes .

Se não, por que?

Fica cansado(a) pela manhã? ( ) Sim. ( ) Não. ( ) Às vezes .

Se sim, por que?

____

____

____

Tem alguém que ajuda você nas suas necessidades?
( ) Sim. ( ) Não. ( ) Às vezes

De que forma? Quais estratégias utilizam?

____

____

____

____

Quais estratégias e adaptações, você gostaria de ser beneficiado(a) na escola e família?

____

____

____

____

Sua família participa das atividades escolares? ( ) Sim. ( ) Não.
( ) Às vezes .

Se não, por que?

____

____

____

____

Cite tipos de atividades dentro e fora da escola e possibilidades de participar sozinho ou com a família.

Quanto tempo diário é empregado nos seus estudos?

Você tem Planejamento de Estudos? ( ) Sim. ( ) Não. ( ) Ás vezes.

Se não, por que?

Como organiza seu Planejamento de Estudos? ( ) Hábitos de Estudo. ( ) Horários. ( ) Utilização de recursos. ( ) Mapa Mental. ( ) Resumo. ( ) Gravação. ( ) Ditado. ( ) Cópia. ( ) Outros.

Precisa de ajuda, para fazê-lo? ( ) Sim. ( ) Não. ( ) Às vezes .

Se sim, por que?

De quem você necessita de ajuda? ( ) Pais. ( ) Professores.
( ) Colegas. ( ) Outros

____

____

____

Tem autonomia para desempenhar as tarefas escolares?
( ) Sim. ( ) Não. ( ) Às vezes.

Se não, por que?

____

____

____

É dependente de outros para tomada de decisão nas tarefas escolares? ( ) Sim. ( ) Não. ( ) Às vezes.

____

____

____

Conhece sobre a vida escolar de seus pais? ( ) Sim. ( ) Não.

Se sim, fale um pouco sobre isto.

____

____

____

Você se sente incomodado com sua vida acadêmica? ( ) Sim.
( ) Não. ( ) Às vezes .

Por que?

Vamos falar sobre isto? ( ) Sim. (Não. ( ) Depois.

Vamos nos programar, para esta data ______/______/______

____

____

____

Sente-se constrangido com suas notas? ( ) Sim. ( ) Não.
( ) Às vezes.

Por que?

Vamos falar sobre isto? ( ) Sim. ( ) Não. ( ) Depois.

Vamos nos programar, para esta data ______/______/______

____

____

____

E como se sente em relação aos colegas e as suas notas?

____

____

____

Como é seu comportamento em sala de aula?

____

____

____

Como é seu comportamento na escola e seu desempenho?

____

____

____

Como é seu comportamento com a família e seus resultados?

____

____

____

O que deseja ser profissionalmente?

____

____

____

Quem é referência para você, para escolha desta profissão?

____

____

____

Fez pesquisa sobre esta profissão? ( ) Sim. ( ) Não.

Por que?

____

____

____

____

Qual seu envolvimento e comprometimento, para se tornar este profissional?

____

____

____

____

Tem algum segredo que queira compartilhar? (   ) Sim. (   ) Não.

Qual?

____

____

____

Está difícil? (   ) Sim. (   ) Não. Quer uma ajuda? (   ) Sim. (   ) Não.

____

____

____

Eu começo e você conta o resto, tudo bem? (   ) Sim. (   ) Não.

Vamos lá?

Lembre-se do sigilo. O que você falar aqui, ficará aqui. Tudo bem, camarada?

E tudo começou assim.....

____

____

____

____

Se faltou algo que gostaria de expor, este é o espaço para você desabafar e produzir. Mas, vamos combinar. Sempre que tiver uma ideia, vamos seguir o raciocínio abaixo. Assim não perderemos o foco e tempo. Vamos acompanhar o raciocínio? Primeiro o pensamento (o que vem na sua cabeça). Depois, planejamos todas estas ideias e as organizamos.

1º Pensando

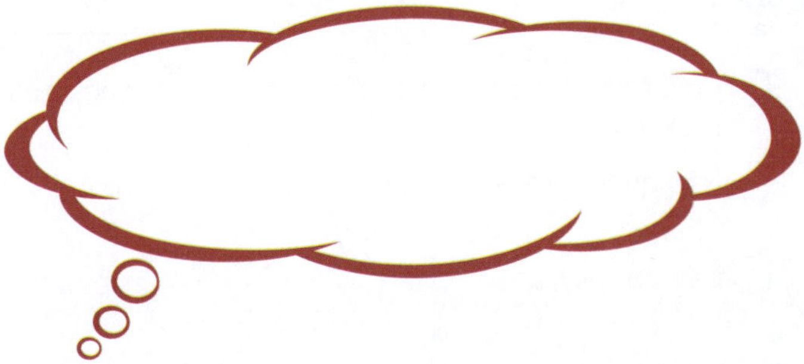

2º Planejando

3º Executando

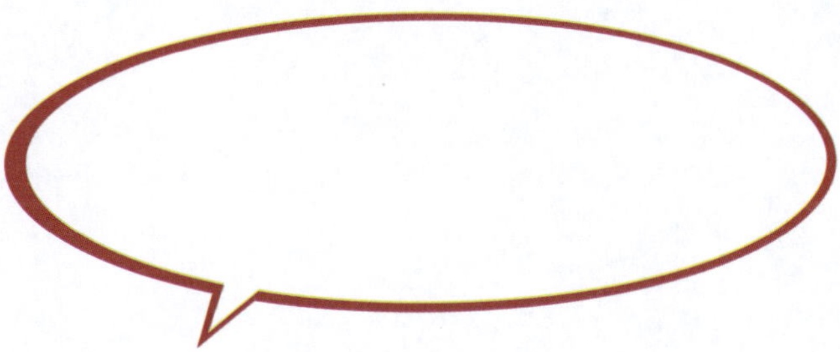

Agora é hora de avaliarmos nosso trabalho.
Vamos preencher a ficha SQ - Selo de Qualidade

Amei | Gostei | Mais ou menos | Falta algo | Detestei

Solução: ____

____

☐ Preciso de mais uma sessão, para trabalharmos sobre este assunto:
Próxima data: / /

☐ Não quero falar sobre isto. Retorno ao assunto:
/ /

☐ Não sei falar.
Previsão: / /

Acredito que____

ATIVIDADE 2

O CONTRATO DE COMPROMISSO TERAPÊUTICO PSICOPEDAGÓGICO - CTPp

Assinaremos o Contrato de Compromisso Terapêutico?

Ele será em **03 VIAS**:

Uma será para você, outra para seus responsáveis, outra para o profissional

Lembre-se: o objetivo deste contrato é de firmar um compromisso sério com seu tratamento. Não serão aceitos comportamentos inadequados e nem recusa ao tratamento. Manteremos sempre uma atitude assertiva, com compromissos aceitos, legitimados e reconhecido, por todos os envolvidos. Afinal, nós temos um acordo. Mediante as necessidades que surgirem, podemos adaptar novas informações. O contrato terapêutico é composto por três vias que serão assinadas por você, seus familiares e por mim. Abaixo, preencha com seus dados. Lembre-se é um documento, por isto, é um compromisso.

Combinado?

Leia sempre que for necessário.

Eu____ idade __________,

Carteira de identidade número________________________ filho(a) de ____________________________ e ________________________ ________

prometo cumprir as atividades propostas para o meu Projeto Interventivo de Superação de Problemas e Frustrações Educacionais (PISPFE). O meu objetivo sempre será estimulado, memorizado, entendido e motivado para bem solucionar meus conflitos ou problemas relacionados à minha aprendizagem. O mais importante é reter e flexibilizar as soluções aprendidas em todo o momento.

Não se esqueça!

Quem aprende se torna motivado, para vencer as frustrações, solucionando e executando problemas, em todas as situações desafiadoras.

A partir deste momento, eu, ____________________________ prometo manter minha palavra agradável e sempre confiável. Mesmo que, em algumas circunstâncias, eu venha a desanimar-me.

VAMOS TRABALHAR!

Escreva abaixo seus objetivos, claros e alcançáveis. Se precisar de assistência, estou bem pertinho! Vamos lá!

Objetivo geral. Faça uma tempestade de ideias realizáveis.

1. (Principal) ____

____

____

____

2. (Não menos importante) ______________________________

____

____

3. (Em processo) ____________________________________

____

____

Objetivos específicos. Aqui, escreva só os objetivos mais importantes.

1. (Principal) ______________________________________

____

____

____

2. (Não menos importante) ______________________________

____

____

3. (Em processo) ____________________________________

____

____

Objetivos futuros realizáveis. Estes objetivos, os planejamentos futuros, serão idealizados com previsão de tempo, planejamento de metas e investimento dos envolvidos, para realização. Trate seus objetivos com carinho!

1. (Principal) ______________________________________

____

____

____

2. (Não menos importante) ___________________________

____

____

3. (Em processo) ___________________________________

____

____

A seguir, as cláusulas contratuais: são itens, dentro do contrato, que estabelecem condições específicas entre os contratantes e o objetivo para o qual se destina. Neste caso, é o tratamento psicopedagógico. Vamos construir!

Depois de criar seus objetivos gerais, específicos e planejamento futuro, você consegue perceber como é muito rico tudo isto. Ter objetivos é para quem sabe o que quer. Que tem metas a serem cumpridas.

Não gaste tempo; ganhe! Substitua a ociosidade por estratégias planejadas. Não seja pego de surpresa; surpreenda-se!

A ***primeira cláusula*** (levantar objetivos a serem alcançados. E o tempo para que este se concretize). Já trabalhamos muito, no primeiro momento deste contrato, sobre este quesito. Construir objetivos significa mudança de situação. Parceiro, você é demais!

Mas, você tem algo a mais para acrescentar? Fique à vontade:

____

____

____

A ***segunda cláusula*** diz respeito à nossa agenda de trabalho e aos nossos combinados. Vamos conhecê-las? As faltas não serão aceitas a não ser por motivo de doença ou imprevistos, devidamente comunicados.

Nossos encontros serão sempre no mesmo lugar e mesmo horário.

Às vezes, nossas sessões podem ter alguma mudança. Mas, você sempre estará ciente das novidades. Vamos contribuir para o êxito desta segunda cláusula. Combinado não sai caro. Resista!

Mas, você tem algo a mais para acrescentar? Fique à vontade:

____

____

____

A ***terceira cláusula*** constará os números de sessões nas quais nos encontraremos. Seja com você ou com outros membros de sua família ou pessoas que estão envolvidas no tratamento. Vamos nos organizar, colocando data, horário e os convites que faremos no decorrer do processo e o que executaremos em cada encontro. Todo encontro um *flash* programado!

Mas, você tem algo a mais para acrescentar? Fique à vontade:

____

____

____

SESSÕES: ANO ____MÊS____		( ) M - MANHÃ		( ) T - TARDE		( ) N - NOITE		
Data	Hora	Segunda	Terça	Quarta	Quinta	Sexta	Sábado	Domingo
/ /	___h___min. ___h___min.							
/ /	___h___min. ___h___min.							
/ /	___h___min. ___h___min.							
/ /	___h___min. ___h___min.							
/ /	___h___min. ___h___min.							

SESSÕES: ANO ___MÊS___		( ) M - MANHÃ		( ) T - TARDE		( ) N - NOITE		
Data	Hora	Segunda	Terça	Quarta	Quinta	Sexta	Sábado	Domingo
/ /	___h___min. ___h___min.							
/ /	___h___min. ___h___min.							
/ /	___h___min. ___h___min.							
/ /	___h___min. ___h___min.							
/ /	___h___min. ___h___min.							
Obs: Em caso de alguma mudança, preencher o Contrato de Ajuste. Ao final da atividade marque como realizada.								
Copyright ÂNGELA MATHYLDE SOARES								

A ***quarta cláusula*** abordará as regras, combinados e recompensas.

Esta cláusula deve conter, com minucias, todos os itens. Devem ser inumerados por importância. As regras nunca podem ser quebradas. Podem até ser modificadas, de acordo com seu amadurecimento. Os combinados nos ajudam a não pisar na bola.

Valorize e permita ser valorizado. Isto é o máximo!

Regras (Pense com cautela!)

1. ____

____

____

2. ____

____

____

3. ____

____

____

Combinados (Importante! Pois, o que é combinado não sai caro...)_

1. ____

____

____

2. ____

____

____

3. ____

____

____

Recompensa (Você merece! Capriche.)

1. ____

____

____

2. ____

____

____

3. ____

____

____

Mediação de conflitos / *Ajuste de Contas (Este espaço é para evitar confusão entre regras e combinados quebrados. Se acontecer, o que poderá ser feito?)

1. ____

____

____

2. ____

____

____

3. ____

____

____

Mas, você tem algo a mais para acrescentar? Fique à vontade:

____

____

***Se necessário, utilize o Contrato de Ajuste.**

A ***quinta cláusula*** é sobre a interrupção do tratamento. Em algum momento, por diversos motivos, entre eles poderá ser uma decisão tomada por você ou por seus familiares ou por situação avessa e adversa. Em qualquer situação, seja ela qual for, vamos resolvê-la em conjunto. Não tome decisões precipitadas. Lembre-se: temos um planejamento e um contrato assinado. Interromper o tratamento no meio é insatisfatório e, às vezes, cria o sentimento de fracasso, entre as partes envolvidas.

Vamos nos ajustar a cada situação.

A solução é nossa prioridade!

1. ____

____

____

____

2. ____

____

____

3. ____

____

____

Mas, você tem algo a mais para acrescentar? Fique à vontade:

____

____

____

A ***sexta cláusula*** são as recompensas. As recompensas serão para validar seu esforço.

Ser reconhecido e valorizado é muito bom. Você sempre receberá uma estrelinha, pelos seus feitos, merecedores de parabéns! Não vale acostumar com o sucesso.

Brilhe, brilhe e brilhe!

Recompensas sugeridas em grupo (Professores, Escola, Familiares, Outros)

1. ____

____

____

2. ____

____

____

3. ____

____

____

Recompensas sugeridas pela família (Dê sugestões.)

1. ____

____

____

2. ____

____

3. ____

____

Recompensas sugeridas por você (Pense bem!)

1. ____

____

____

2. ____

____

____

3. ____

____

____

Recompensas sugeridas por outros Profissionais

1. ____

____

____

2. ____

____

____

3. ____

____

____

Recompensas acordadas (Entre todas as partes. Isto está valendo!)

1. ____

____

____

2. ____

____

____

3. ____

____

____

Mas, você tem algo a mais para acrescentar? Fique à vontade

____

____

____

____

A ***sétima cláusula*** é do auto monitoramento. Você faz e se avalia em cada sessão realizada. Este procedimento permite tomar conhecimento dos gatilhos, que são aquilo que lhe faz perder o controle de suas emoções, comportamento e interesse, diminuindo seu empenho nas soluções de problemas. É um *clic* do mal!

1. ____

____

____

2. ___

___

___

3. ___

___

___

___

Mas, você tem algo a mais para acrescentar? Fique à vontade

___

___

___

A ***oitava cláusula*** é sobre ajustes de conta. Toda escolha remete a uma consequência. Então, pense bem antes de agir! O planejamento e a paciência são grandes aliados das escolhas sensatas.

Não receba um cartão vermelho; ele o tirará do jogo!

Escreva possíveis ajustes de conta e a duração de cada um. Pense com cuidado!

1. ___

___

___

2. ___

___

___

3. ___

___

___

Mas, você tem algo a mais para acrescentar? Fique à vontade

___

___

___

A ***nona cláusula***: falando de si, para mim mesmo. Este é um espaço para você traçar suas metas e possibilidades palpáveis, para alcançá-las. Não vale amarelar!

Vamos trabalhar as Metas? Tudo começa por aqui.

1. ___

___

___

2. ___

___

___

3. ___

___

___

Mas, você tem algo a mais para acrescentar? Fique à vontade:

___

___

___

Agora, é hora de confirmar o Compromisso!

Atenção para a importância dele.

Minha palavra tem poder e credibilidade. Assino este contrato em três vias, que serão entregues às pessoas envolvidas nesta escolha e ajudam-me a construir e tomar consciência desta minha história de superação.

As pessoas envolvidas assinam como testemunhas de confiança, na minha palavra empenhada, aqui neste documento. Agora somos parceiros na minha história de vida!

Eu permito!

____________________, ______ de ______________

Sou responsável por aquilo que comprometo e assino.

Assino e dou como verdade.

____

Assinatura Legível

__________________________ __________________________

Testemunha (Responsáveis) Testemunha (Responsáveis)

____

Testemunha psicopedagogo(a) e o Registro Profissional

Agora é hora de avaliarmos nosso trabalho.
Vamos preencher a ficha SQ - Selo de Qualidade

Amei | Gostei | Mais ou menos | Falta algo | Detestei

Solução: ____
____

☐ Preciso de mais uma sessão, para trabalharmos sobre este assunto:
Próxima data: / /

☐ Não quero falar sobre isto. Retorno ao assunto:
/ /

☐ Não sei falar.
Previsão: / /

Acredito que____

CONTRATO DE AJUSTE - CAj (anexo ao contrato assinado)

Este é um instrumento de ajuste terapêutico. Significa que algo está acontecendo. Demonstrando sua evolução ou resistência. É interessante que, em todos os momentos, haja prioridades em sua vida e este tratamento é uma delas. A eficiência de nossos encontros (Sessões) depende deste investimento.

Tudo bem? Então, vamos retomar com todas as pessoas que estão envolvidas e discutiremos cada detalhe. E revisaremos os objetivos e cláusulas, se necessário

*Para ser utilizado nas cláusulas que necessitarem de ajustes.

Lembre-se do propósito deste contrato. Vamos preencher?

Eu ____, juntamente com

____

(pessoas evolvidas no processo terapêutico), reitero minhas promessas, neste documento, com a intenção de valer, mais uma vez, minha palavra.

Abaixo temos várias possibilidades. Marque aquela que diz respeito a você.

Agora vamos trabalhar. Mas, antes, quero parabenizar-lhe por esta iniciativa madura e assertiva.

O motivo para esta adaptação

1. ☐ Rever objetivos ________________________________

2. ☐ Falta de interesse ______________________________

3. ☐ Comportamento inadequado _______________________

4. ☐ Revisão de horário ______________________________

5. ☐ Questões familiares ______________________________

Quais? ____

6. ☐ Saúde: ____

7. ☐ Solicitação de outra especialidade.

Preencha quais e o porquê:

____

8. ☐ Quebra de contrato (nesta opção, se houver um rompimento no tratamento, preencher e assinar o distrato terapêutico.

9. ☐ Processo de manutenção e alta do tratamento. (Preencher a súmula de alta)

RESOLVENDO PROBLEMAS - RP (este espaço é para retomar o objetivo proposto e resolver situações)

Conduta não assertiva (comportamento a ser mudado): ________

____

Conduta assertiva: (decisão a ser tomada) ________________

Tomada de consciência-

- (atitude imediata) ________________________

- (atitude a longo prazo) ______________________

- (atitude, pois dependo de outras pessoas) ______________

____

Assinatura ________________________________

- Data: _____/_____/20_____

- Horário: _____h _____min

- Testemunha: ______________________________

Mas, você tem algo a mais para acrescentar? Fique à vontade:

____

____

____

____

ASSINATURA

DISTRATO TERAPÊUTICO - DT

Eu ____,
consciente de minhas necessidades educacionais e as dificuldades apresentadas na área da aprendizagem, que me prejudicam em outras áreas, apesar de ter conhecimento de todo este contexto, NESTE MOMENTO, não consigo assumir este compromisso por inteiro, de investimento nesta área educacional. Mas prometo retomar, logo que me sinta preparado(a).

- Data: _____/_____/20_____

- Horário: _____h _____min

- Testemunha: ____

Mas, você tem algo a mais para acrescentar? Fique à vontade:

____

____

____

____

ASSINATURA

SÚMULA DE ALTA - SA (Oba! Venci um obstáculo.)

Eu ____,
neste momento, recebo alta do meu processo psicopedagógico, vencendo todo o programa de tratamento estabelecido.

Estou consciente de minhas limitações, mas conhecedor das potencialidades que foram descobertas por mim. Hoje não mais

____,
que foram substituídas por uma atitude precisa, um comportamento assertivo e uma tomada de decisão de encarar minhas dificuldades e superá-las.

☐ Superação das expectativas:

____

____

☐ Escola:

____

____

☐ Amigos/ inimigos:

____

____

☐ Outros:

____

____

Sou responsável por aquilo que comprometo e assino.

Este certificado representa e comprova que você não está disposto(a) a parar no meio do caminho. Tem objetivos a serem vencidos e metas a serem alcançadas. Que obstáculos são para serem eliminados de um a um. Continue assim, não seja impulsivo(a) tenha estratégias e não abandone o planejamento. Parabéns!

CERTIFICADO DE SUPERAÇÃO - CS

Eu ____,
conclui com louvor meu tratamento de Psicopedagogia. Tomo posse das estratégias e habilidades desenvolvidas em todo processo interventivo.

Eu, acredito no meu potencial.

____

Assinatura do(a) Aluno(a)

____

Assinatura do(a) Psicopedagogo(a)

____

Cidade/Local/Data completa

Duração do Processo:

Data do Início: ________________ Data da Alta: ________________

Escreva aqui os princípios construídos durante nosso processo. Capriche!

Resuma tudo em uma só palavra.

Parabéns! Este é você!

ATIVIDADE 3

AVALIAÇÃO PSICOPEDAGÓGICA

Trata-se de uma peça chave para nosso trabalho.

Nesta, o alvo principal é compreender o que acontece na escola com você.

Como encara as ocorrências habituais no meio escolar, como se interage e se relaciona com seus colegas e professores, como permanece em sala de aula, quais são suas atividades preferidas, quais são suas capacidades e em que circunstâncias mostra mais dificuldades.

Para isto, usaremos alguns instrumentos que nos ajudará a ter um resultado mais preciso e assertivo.

A **avaliação psicopedagógica** tem que analisar o momento que está passando e sua história. Suas capacidades básicas como, afetivas e de equilíbrio pessoal, a relação interpessoal, autonomia e inserção social.

Ouviremos você enquanto aluno, enquanto filho, enquanto colega, enquanto amigo, enquanto parceiro, ou seja, em toda sua história.

Por isso, é de suma importância que esteja engajado(a) neste projeto e verdadeiro nas respostas e envolvido no processo avaliativo.

Tenha entendimento, que o propósito desta avaliação psicopedagógica é para seu conforto e realização; é para saber como você aprende e para levantamento de estratégias que vão beneficiá-lo(a).

De uma coisa eu sei, se envolver e se comprometer, tudo mudará!

Topa está parada?

A seguir, tem um Quadro de Planejamento Avaliativo Psicopedagógico que será preenchido pelo profissional . Preste bastante atenção ao comando para execução dos testes e atividades. Pense bem nas respostas, não responda de qualquer jeito.

Se estiver cansado(a), fale com seu psicopedagogo(a), Ele(a) saberá o que fazer. Confie!!

QUADRO DE PLANEJAMENTO AVALIATIVO PSICOPEDAGÓGICO - QPAPp					
Data	Avaliação	Aspectos a serem considerados	Indicadores	Tempo Envolvido	Como está se sentindo?
	Instru-mentos Utilizados	Importância do Processo	Tópicos e sintomas	Tempo Exigido: Tempo Gasto:	Comportamento e envolvimento
Copyright ÂNGELA MATHYLDE SOARES					

Árvore Genealógica - Organizando a família

Vamos fazer sua Árvore Genealógica? Para que? Todos têm história e a de sua família é de suma importância. Quanto mais soubermos dela, mais saberemos de você. Preencha cada ramo da árvore com os nomes dos seus familiares. Depois, marque com uma cor o nome do familiar, que faz você feliz e, com outra cor, aquele que lhe incomoda. Se quiser completar com fotos, vá em frente:

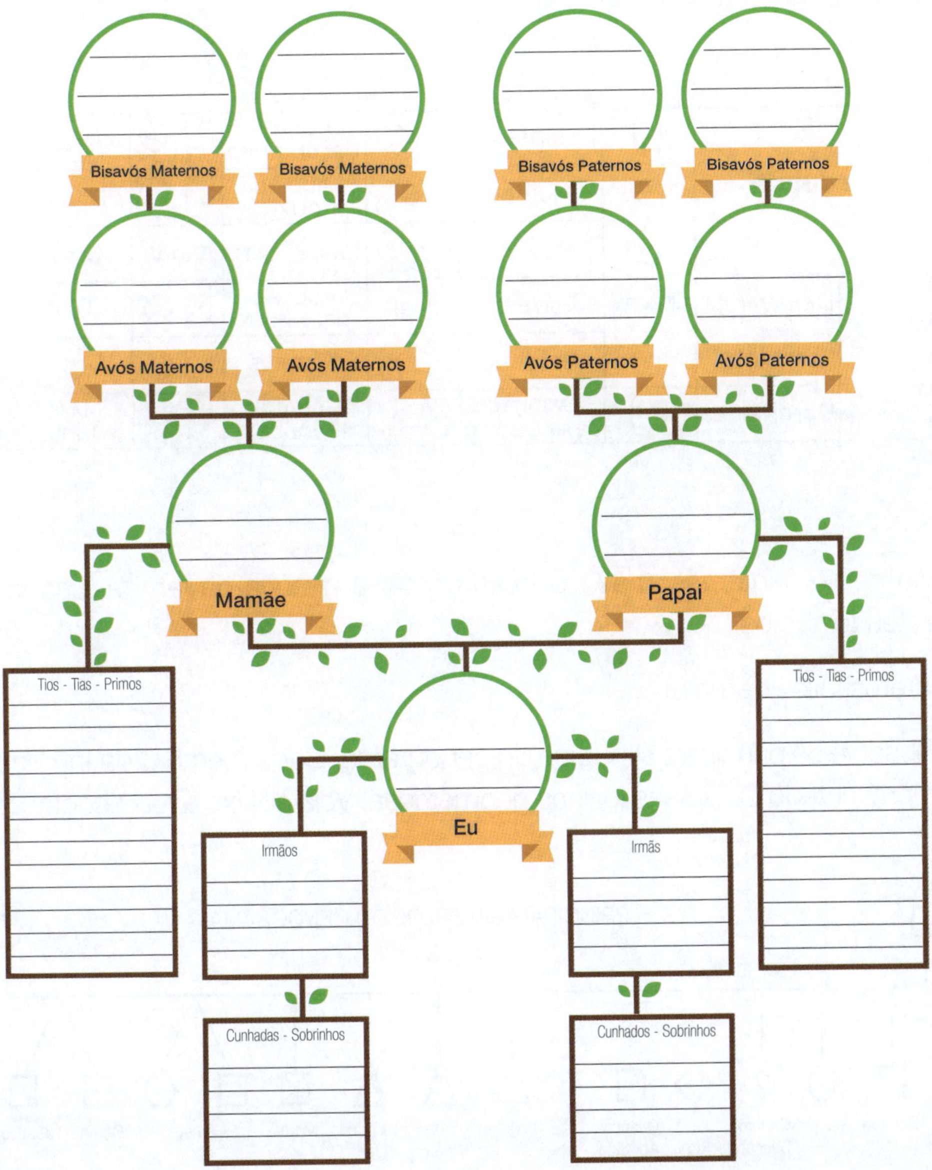

Aprendendo a fazer um Genograma

Você sabe o que é isto? É uma representação gráfica e prática para representarmos a Família. Nela podemos registrar enúmeras informações como: Composição Familiar, Estado civil, condições de relacionamento, doenças, ocupação, hábitos, idade, grau de escolaridade e dados relevantes da família, entre outros, de acordo com o objetivo proposto. E diversas outras funções e representações. Abaixo verificamos a legenda para a composição do genograma.

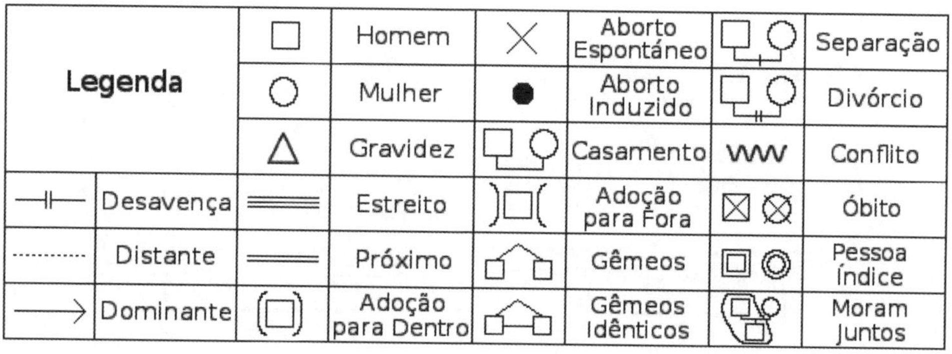

Viu como é interessante? Pode-se contar a história da família, usando estes símbolos.

Interessante demais!

Observe os principais símbolos do genograma. Cada membro da família é representado por essas formas geométricas. Veja abaixo a representação

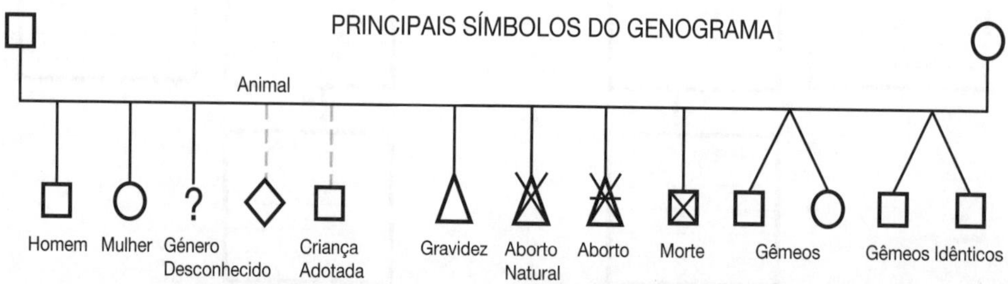

O próximo passo é fazer as devidas uniões, vínculos, destes símbolos com as linhas de representação. As linhas de ligação entre as pessoas, vínculos têm um significado como percebemos abaixo. Veja abaixo

Olha como ficará. Junta o símbolo às linhas que representam as relações existentes. Está fixando?

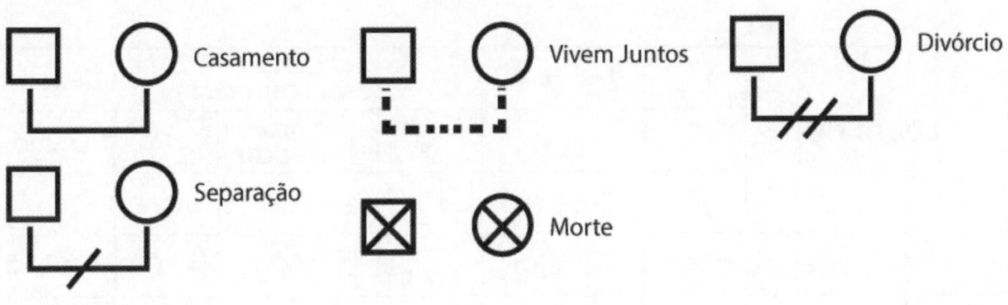

Em cada forma geométrica, os símbolos, colocaremos nome, idade, escolaridade, profissão, cor de pele, olhos, hereditariedade, irmãos, casamentos e características da família. Você verá em visão panorâmica a sua família.

Muito legal, mesmo! Talvez você está se perguntando: para que preciso saber deste tal de genograma?

Saber de sua história é muito importante. Você faz parte dela. É sua vida. E o que diz respeito a você é muito importante, importantíssimo!

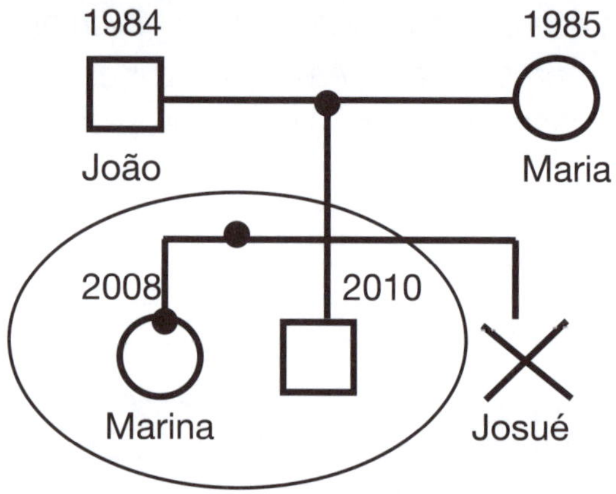

Agora vamos fazer o genograma de sua família? Você terá uma visão panorâmica. A figura que lhe representará graficamente será, **pessoa índice**, veja na legenda.

Agora é montar. Acompanhe sempre a legenda. Vou colocá-la novamente aqui abaixo, para que não perca tempo.

Legenda		□	Homem	✕	Aborto Espontáneo		Separação
		○	Mulher	●	Aborto Induzido		Divórcio
		△	Gravidez		Casamento	VVVV	Conflito
—‖—	Desavença	≡	Estreito	)□(	Adoção para Fora	⊠ ⊗	Óbito
··········	Distante	═	Próximo		Gêmeos	▣ ◎	Pessoa Índice
⟶	Dominante	([□])	Adoção para Dentro		Gêmeos Idênticos		Moram Juntos

Eu já comecei, agora você conclui! Aprendeu mais uma!

Faça o levantamento da sua história e faça sua representação, a seguir, no genograma.

Faça junto com seu psicopedagogo(a).

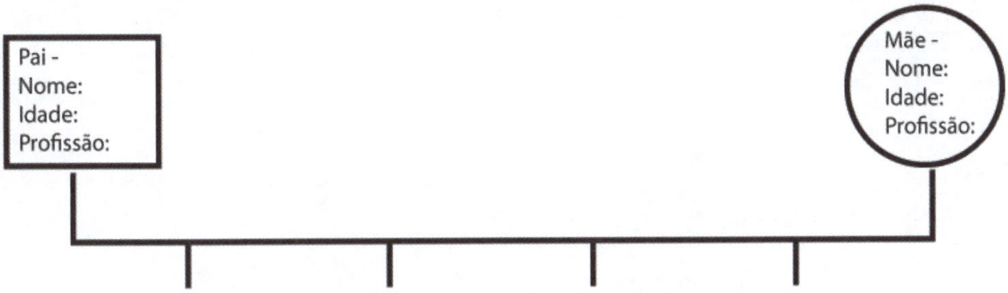

Agora é hora de avaliarmos nosso trabalho.
Vamos preencher a ficha SQ - Selo de Qualidade

Amei | Gostei | Mais ou menos | Falta algo | Detestei

Solução: ______________________________
____

☐ Preciso de mais uma sessão, para trabalharmos sobre este assunto:
Próxima data: / /

☐ Não quero falar sobre isto. Retorno ao assunto:
/ /

☐ Não sei falar.
Previsão: / /

Acredito que______________________________

ATIVIDADE 4

VAMOS AGENDAR NOSSOS HORÁRIOS!

Esta agenda tem a finalidade de organizarmos todos nossos encontros para melhor conhecer o que se passa com você.

A Agenda é fundamental para nosso trabalho. Significa que estamos estabelecendo a organização de nossas atividades. Assim, não perdemos tempo e mantemos o controle.

Na agenda constará: data, horário, atividade proposta, procedimentos para realização da tarefa.

Quando nos organizamos, evitamos surpresa e fracasso. Acorda aí, campeão; vamos arrasar, colocando tudo em ordem!

Antes de iniciar vamos combinar as recompensas? Tarefa realizada marque na tabela **FELIZ**, tarefa não realizada marque na tabela **TRISTE**. Tarefas em andamento marque na coluna **EM ANDAMENTO** e a data da conclusão. Então vamos lá?

AGENDA DE SESSÕES PSICOPEDAGÓGICAS - ASPp

FICHAS DE MONITORAMENTO

AGENDA DE SESSÕES PSICOPEDAGÓGICAS - ASP

ESTABELEÇA A RECOMPENSA			DATA	HORÁRIO		OBJETIVO	ATIVIDADE	PROCEDIMENTO	ENVOLVIMENTO NO PROCESSO			
									POSITIVO		NEGATIVO	
FELIZ	TRISTE	DÚVIDA		INÍCIO	TÉRMINO	PORQUE FAZER?	O QUE FAZER?	COMO FAZER?	INÍCIO	FIM	INÍCIO	FIM
			/ /	___h___min.	___h___min.							
			/ /	___h___min.	___h___min.							
			/ /	___h___min.	___h___min.							
			/ /	___h___min.	___h___min.							
			/ /	___h___min.	___h___min.							
			/ /	___h___min.	___h___min.							
			/ /	___h___min.	___h___min.							
			/ /	___h___min.	___h___min.							
			/ /	___h___min.	___h___min.							
			/ /	___h___min.	___h___min.							
			/ /	___h___min.	___h___min.							
			/ /	___h___min.	___h___min.							

ÁREA DO PROFISSIONAL				
Avaliação Psicopedagógico - Sondagem		O ACONTECE COM O PACIENTE (ENSINO/ APRENDIZADO)	TEMPO ESTIMADO DE TRATAMENTO DO PACIENTE	ESTUDO DE CASO DO PACIENTE
LEVANTAMENTO DE HIPÓTESES	SUGESTÃO DE INTERVENÇÃO			

AGENDAMENTO EXTRA: DIA ___/___/___

HORÁRIO: ____h____min

POR QUE PRECISO DE MAIS UM ENCONTRO/ SESSÃO:

ACORDO ENTRE PARTES:

O PACIENTE :

____

____

____

____

PSICOPEDAGOGO(A)/ Nº REGISTRO:

AC – AJUSTE DE CONTAS (PUNIÇÃO):

____

____

____

RECOMPENSA:

____

____

____

Agora é hora de avaliarmos nosso trabalho.
Vamos preencher a ficha SQ - Selo de Qualidade

Amei	Gostei	Mais ou menos	Falta algo	Detestei

Solução: ____

____

☐ Preciso de mais uma sessão, para trabalharmos sobre este assunto:
Próxima data: / /

☐ Não quero falar sobre isto. Retorno ao assunto:
/ /

☐ Não sei falar.
Previsão: / /

Acredito que____

ATIVIDADE 5

ENVOLVER-SE NO PROCESSO ACADÊMICO É FUNDAMENTAL

Termômetro de Qualidades Acadêmicas e Pessoais – TQAP

É hora de colocar a boca no trombone!

Marque como você está se sentindo, em cada tarefa realizada.

O objetivo é ter conhecimento de seus afazeres e buscar opções para mudança de atitude e hábitos.

Como me sinto. Hoje: _____/_____/20___, Horário: _____h _____min

Eu quero saber. É muito importante para mim!

OBSERVE A SUA TEMPERATURA**:** está aquecida para a nova situação? Então**,** vamos lá?

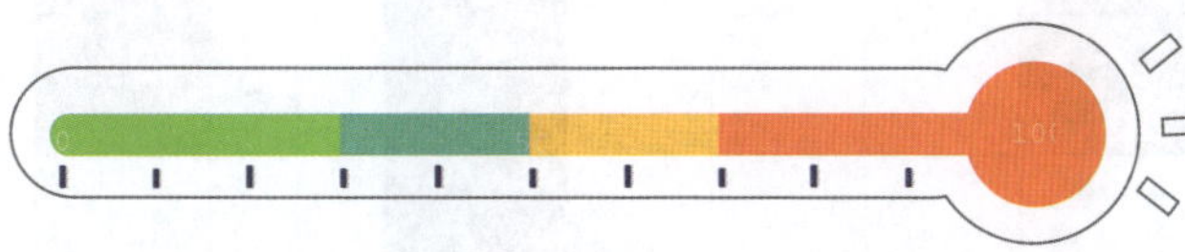

OBSERVAÇÃO: a função de cada profissional será descrita e como será a ajuda dele, caso você considere necessário. Quanto mais você conhecer sobre a especialidade dessas pessoas, mais saberá pedir socorro, quando necessitar. Se mantenha aquecida em temperatura ambiente!

TERMÔMETRO DE QUALIDADES ACADÊMICAS E PESSOAIS - TQAP							
1 – COMIGO MESMO							
REFLEXÃO	INTENSIDADE						
	PÉSSIMO	RUIM	RAZOÁVEL	BOM	MUITO BOM	ÓTIMO	AINDA SEM AVALIAÇÃO
MA- MUDANÇAS ATITUDE							
PA - PRECISO DE AJUDA							
EU ESPERO							
SUGESTÕES							

TERMÔMETRO DE QUALIDADES ACADÊMICAS E PESSOAIS - TQAP							
2 – NA FAMÍLIA – COM PAIS, IRMÃOS E RESPONSÁVEIS							
REFLEXÃO	INTENSIDADE						
	PÉSSIMO	RUIM	RAZOÁVEL	BOM	MUITO BOM	ÓTIMO	AINDA SEM AVALIAÇÃO
MA- MUDANÇAS ATITUDE							
PA - PRECISO DE AJUDA							
EU ESPERO							
SUGESTÕES							

TERMÔMETRO DE QUALIDADES ACADÊMICAS E PESSOAIS - TQAP							
3 – COM OS COLEGAS E AMIGOS							
REFLEXÃO	INTENSIDADE						
	PÉSSIMO	RUIM	RAZOÁVEL	BOM	MUITO BOM	ÓTIMO	AINDA SEM AVALIAÇÃO
MA- MUDANÇAS ATITUDE							
PA - PRECISO DE AJUDA							
EU ESPERO							
SUGESTÕES							

TERMÔMETRO DE QUALIDADES ACADÊMICAS E PESSOAIS - TQAP							
4 – NA ESCOLA – COM PROFESSORES, DIRETORES, COORDENADORES E AUXILIARES							
REFLEXÃO	INTENSIDADE						
	PÉSSIMO	RUIM	RAZOÁVEL	BOM	MUITO BOM	ÓTIMO	AINDA SEM AVALIAÇÃO
MA- MUDANÇAS ATITUDE							
PA - PRECISO DE AJUDA							
EU ESPERO							
SUGESTÕES							

TERMÔMETRO DE QUALIDADES ACADÊMICAS E PESSOAIS - TQAP							
5 – NO TRABALHO							
REFLEXÃO	INTENSIDADE						
	PÉSSIMO	RUIM	RAZOÁVEL	BOM	MUITO BOM	ÓTIMO	AINDA SEM AVALIAÇÃO
MA- MUDANÇAS ATITUDE							
PA - PRECISO DE AJUDA							
EU ESPERO							
SUGESTÕES							

TERMÔMETRO DE QUALIDADES ACADÊMICAS E PESSOAIS - TQAP							
6 – COM MINHAS ATIVIDADES ESCOLARES							
REFLEXÃO	INTENSIDADE						
	PÉSSIMO	RUIM	RAZOÁVEL	BOM	MUITO BOM	ÓTIMO	AINDA SEM AVALIAÇÃO
MA- MUDANÇAS ATITUDE							
PA - PRECISO DE AJUDA							
EU ESPERO							
SUGESTÕES							

TERMÔMETRO DE QUALIDADES ACADÊMICAS E PESSOAIS - TQAP							
7 – COM MINHAS ATIVIDADES EXTRAESCOLARES							
REFLEXÃO	INTENSIDADE						
	PÉSSIMO	RUIM	RAZOÁVEL	BOM	MUITO BOM	ÓTIMO	AINDA SEM AVALIAÇÃO
MA- MUDANÇAS ATITUDE							
PA - PRECISO DE AJUDA							
EU ESPERO							
SUGESTÕES							

TERMÔMETRO DE QUALIDADES ACADÊMICAS E PESSOAIS - TQAP							
8 – COM MINHAS ATIVIDADES DE SAÚDE E HIGIENE							
REFLEXÃO	INTENSIDADE						
	PÉSSIMO	RUIM	RAZOÁVEL	BOM	MUITO BOM	ÓTIMO	AINDA SEM AVALIAÇÃO
MA- MUDANÇAS ATITUDE							
PA - PRECISO DE AJUDA							
EU ESPERO							
SUGESTÕES							

TERMÔMETRO DE QUALIDADES ACADÊMICAS E PESSOAIS - TQAP							
9 – COM OS COMBINADOS ESTABELECIDOS							
REFLEXÃO	INTENSIDADE						
	PÉSSIMO	RUIM	RAZOÁVEL	BOM	MUITO BOM	ÓTIMO	AINDA SEM AVALIAÇÃO
MA- MUDANÇAS ATITUDE							
PA - PRECISO DE AJUDA							
EU ESPERO							
SUGESTÕES							

TERMÔMETRO DE QUALIDADES ACADÊMICAS E PESSOAIS - TQAP							
10 – COM AS REGRAS E LIMITES IMPOSTOS							
REFLEXÃO	INTENSIDADE						
	PÉSSIMO	RUIM	RAZOÁVEL	BOM	MUITO BOM	ÓTIMO	AINDA SEM AVALIAÇÃO
MA- MUDANÇAS ATITUDE							
PA - PRECISO DE AJUDA							
EU ESPERO							
SUGESTÕES							

TERMÔMETRO DE QUALIDADES ACADÊMICAS E PESSOAIS - TQAP							
11 – COM MEUS PLANEJAMENTOS FUTUROS							
REFLEXÃO	INTENSIDADE						
	PÉSSIMO	RUIM	RAZOÁVEL	BOM	MUITO BOM	ÓTIMO	AINDA SEM AVALIAÇÃO
MA- MUDANÇAS ATITUDE							
PA - PRECISO DE AJUDA							
EU ESPERO							
SUGESTÕES							

TERMÔMETRO DE QUALIDADES ACADÊMICAS E PESSOAIS - TQAP							
12 – COM MEU PSICOPEDAGOGO(A)							
REFLEXÃO	INTENSIDADE						
	PÉSSIMO	RUIM	RAZOÁVEL	BOM	MUITO BOM	ÓTIMO	AINDA SEM AVALIAÇÃO
MA- MUDANÇAS ATITUDE							
PA - PRECISO DE AJUDA							
EU ESPERO							
SUGESTÕES							

Preciso de Ajuda:

Este último item é importantíssimo! É para os bravos e conscientes. Solicitar apoio às pessoas e, na hora apropriada, é esplêndido! Eu só tenho que parabenizá-lo!

Escolha e marque a ajuda necessária neste momento de sua vida:

PRECISO DE AJUDA:	COMO ME AJUDARÁ?
( ) FAMÍLIA	
( ) ESCOLA	
( ) PROFESSOR PARTICULAR	
( ) MÉDICO	
( ) PSICÓLOGO	

PRECISO DE AJUDA:	COMO ME AJUDARÁ?
( ) FONOAUDIÓLOGO	
( ) TERAPEUTA OCUPACIONAL	
( ) ODONTÓLOGO	
( ) FISIOTERAPEUTA	
( ) CABELEIREIRO	
( ) OUTRO:	
Copyright ÂNGELA MATHYLDE SOARES	

OBSERVAÇÃO: a função de cada profissional será descrita e como será a ajuda dele, caso você considere necessário. Quanto mais você conhecer sobre a especialidade dessas pessoas, mais saberá pedir socorro, quando necessitar.

Agora é hora de avaliarmos nosso trabalho.
Vamos preencher a ficha SQ - Selo de Qualidade

Amei | Gostei | Mais ou menos | Falta algo | Detestei

Solução: ____
____

☐ Preciso de mais uma sessão, para trabalharmos sobre este assunto:
Próxima data: / /

☐ Não quero falar sobre isto. Retorno ao assunto:
/ /

☐ Não sei falar.
Previsão: / /

Acredito que____

ATIVIDADE 6

QUANDO PLANEJAMOS, TUDO COMEÇA A FAZER SENTIDO

Modalidade de Organização de Compromissos Escolares - MOCE

Abaixo, você encontrará um exemplo, para seguir em todas suas atividades futuras. É necessário dar uma especial importância ao objetivo, em cada atividade. Seguir, passo a passo, com cautela, envolvimento legítimo e fiel. Temos que investir na motivação. Este procedimento lhe proporcionará um comportamento positivo ou negativo, em seu desempenho escolar.

O mais rápido a fazer é buscar soluções, começando a valorizar o objetivo, a prioridade da atividade e o incentivo de pessoas certas.

Não se esqueça de sempre incluir as pessoas envolvidas, depois de cada atividade.

Vamos acompanhar o exemplo negativo, abaixo, com muita atenção. Este será um exemplo do que não fazer na organização de suas tarefas escolares. Preste atenção!

Valeu?

Vamos analisar o QUADRO? (**MOCE**)

Os quadrados em vermelho são as áreas que têm que ser revista e planejada. Quando o objetivo não está claro, todo o processo se torna falho e impreciso.

<table>
<tr><th colspan="10">MODALIDADE DE ORGANIZAÇÃO DE COMPROMISSOS ESCOLARES- MOCE</th></tr>
<tr><th colspan="10">MODELO NEGATIVO</th></tr>
<tr><td>OBJETIVO DA ATIVIDADE:</td><td colspan="5">IMPORTÂNCIA DA ATIVIDADE:</td><td colspan="4">PESSOAS ENVOLVIDAS</td></tr>
<tr><td>PROVA DE MATEMÁTICA</td><td colspan="5">NÃO PERDER MÉDIA</td><td colspan="4">FAMÍLIA E PROFESSORES</td></tr>
<tr><th colspan="10">COMO EU ME SINTO AO REALIZAR A ATIVIDADE PROPOSTA</th></tr>
<tr><th rowspan="2">TAREFA A SER REALIZADA</th><th rowspan="2">INTERESSE/ MOTIVAÇÃO PARA REALIZAÇÃO DAS ATIVIDADES</th><th rowspan="2">MINHA ATITUDE</th><th colspan="2">O QUE ESTOU SENTINDO - EMOÇÃO</th><th rowspan="2">O CORPO FALA</th><th rowspan="2">RESULTADOS DE MINHAS ESCOLHAS
PLANEJAMENTO</th><th rowspan="2">ENVOLVIMENTO E DURAÇÃO NA ATIVIDADE</th><th rowspan="2">ESTRATÉGIA UTILIZADA</th><th rowspan="2">PLANO B
- REPROGRAMAR</th></tr>
<tr><th>PRIMÁRIA</th><th>SECUNDÁRIA</th></tr>
<tr><td>ESTUDAR PARA A PROVA DE MATEMÁTICA</td><td>NÃO PERDER MÉDIA
NÃO TOMAR CASTIGO
NÃO LEVAR BRONCA</td><td>PROCRASTINAÇÃO
DEIXAR PARA OUTRA HORA</td><td>MEDO</td><td>IRRITABILIDADE
ANSIEDADE</td><td>TRANSPIRAÇÃO EXCESSIVA
INSÔNIA</td><td>( ) DENTRO DO ESPERADO
(X) FORA DO ESPERADO
( ) AJUSTE NECESSÁRIO – PLANO B
( ) PESQUISAR LINHA DE RACIOCÍNIO</td><td>(X) MAL APROVEITADO
( ) EM CONSTRUÇÃO
( ) AGENDA DE HORÁRIOS
2F | 3F | 4F | 5F | 6F | SA | DO
MANHÃ | TARDE | NOITE 18H ÀS 22H
*RESPEITE SEU HORÁRIO DE DESCANSO!
- ENTRE OS CONTEÚDOS FAÇA UM INTERVALO DE 15 MIN.
- HORÁRIO IDEAL PARA ESTUDO NOTURNO DE 18H ÀS 22H.</td><td>MATÉRIA ESTUDADA COM UM DIA DE ANTECEDÊNCIA</td><td>( ) AJUDA/ PARCERIAS
(X) TEMPO EXTRA
( ) PLANEJAMENTO DE TEMPO
( ) OUTROS</td></tr>
<tr><td colspan="2">CONSEQUÊNCIAS DAS ESCOLHAS:</td><td colspan="8">(X) PERDA DE MÉDIA.
(X) PERDA DE CONFIANÇA NAS PESSOAS QUERIDAS.
(X) PUNIÇÃO.
(X) SER CONSIDERADO(A) COMO PESSOA DESCOMPROMISSADA. SOBREI!</td></tr>
<tr><td rowspan="2">RECOMPENSA</td><td>IMEDIATA
( )</td><td colspan="8">VOCÊ MERECE UM ENORME ELOGIO:
- O QUE VOCÊ ESPERA DE SEUS PAIS/ RESPONSÁVEIS? ____
- O QUE VOCÊ ESPERA DA SUA ESCOLA? ____
- O QUE VOCÊ ESPERA DE SEUS FAMILIARES? ____
- O QUE VOCÊ ESPERA DO SEU PSICOPEDAGOGO? ____</td></tr>
<tr><td>A LONGO PRAZO (X)</td><td colspan="8">ELIMINAR A PUNIÇÃO - APRENDIZADO DE UM NOVO COMPORTAMENTO.</td></tr>
<tr><td rowspan="2">PUNIÇÃO</td><td>IMEDIATA
(X)</td><td colspan="8">VOCÊ MERECE AJUSTES DE CONTAS: (X) SIM ( ) NÃO
- O QUE VOCÊ MERECE? TRABALHAR COM O PLANEJAMENTO DAS ATIVIDADES ESCOLARES.</td></tr>
<tr><td>A LONGO PRAZO (X)</td><td colspan="8">FICAR 3 DIAS SEM INTERNET.</td></tr>
<tr><td colspan="10">AC - AJUSTE DE CONTAS: TRANFORMAR O COMPORTAMENTO NEGATIVO EM ASSERTIVO E CONFIÁVEL.</td></tr>
<tr><td colspan="10">Copyright ÂNGELA MATHYLDE SOARES</td></tr>
</table>

O espaço da atividade não está preenchido de forma correta. Na realidade, é uma prova de Matemática, mas o objetivo desta atividade é organizar-se para este desafio. E a única forma é se preparar, estudando. Não em cima da hora ou pedindo informações aos seus colegas, colando.

Isto é crime, para quem quer colocar a casa em ordem. No item sobre a motivação, ou seja, o que lhe estimula a fazer esta atividade, não é somente a nota que alcançará ou a punição que sofrerá; que lhe dará ânimo para realizar a atividade e sim o interesse e a consciência de seus objetivos e em realizá-los. Lembre-se: quando a motivação está comprometida, a nossa visão sobre o que se tem a realizar ou desenvolver gera comportamentos errôneos. Você não é este comportamento, aliás, é muito melhor que isto! A resposta advinda desta atitude negativa ao objetivo da atividade, até seu corpo (Fisiologia) sentirá reflexo de suas escolhas, trazendo-lhe muitos problemas eventuais. Perderá tempo e a solução será imprevisível, pois não foi planejada, organizada, pensada com cautela.

Precisamos sempre nos preocuparmos com as consequências de nossas escolhas. Às vezes, os danos serão irreparáveis, como uma reprovação. Vamos mudar?

Traçar metas como: objetivo e a importância da atividade bem elaborados e elencar pessoas capacitadas, para realizar esta tarefa com comprometimento e envolvimento. Assim, as consequências sempre serão previsíveis e as adversidades calculadas, a ponto de mudarmos as atitudes, quando precisarmos.

Isto é o plano B.

Sabe o que é isto?

São alternativas. Significa que sempre haverá uma saída, para um problema.

Nunca se esqueça!

Vamos mudar?

Acompanhe comigo. Vamos transformar o exemplo negativo em um positivo.

A Atividade não é simplesmente PROVA DE MATEMÁTICA e sim, a ação de se preparar para esta prova. A motivação é entender a matéria e empregar este conhecimento. O comportamento motivado gera emoções positivas, evitando reações fisiológicas desagradáveis. Quanto ao tempo, será bem aproveitado; a organização não permite que perca tempo, pois este é precioso. E, como resposta, não precisará solucionar nada, pois em toda atividade bem planejada os riscos serão mínimos. Mesmo frente a situações problemáticas e, às vezes, até confusas. Estará preparado para administrar tempo, qualidade e planejamento específico para uma solução apropriada. Em síntese:

METAS + ORGANIZAÇÃO + PLANEJAMENTO + PERSISTÊNCIA + EXPERIÊNCIA = SUCESSO.

Sempre planeje; seja precavido! Seja prevenido!

Legal, não é?

Um degrau de cada vez!

Sempre vale a pena.

Observe o quadro a seguir:

MODALIDADE DE ORGANIZAÇÃO DE COMPROMISSOS ESCOLARES- MOCE

MODELO POSITIVO

OBJETIVO DA ATIVIDADE:	IMPORTÂNCIA DA ATIVIDADE:	PESSOAS ENVOLVIDAS
APRIMORAR-SE NO CONTEÚDO	RESULTADO POSITIVO APRENDER A EXECUTAR	EU, FAMILIARES, PROFESSORES, PSICOPEDAGOGO

COMO EU ME SINTO AO REALIZAR A ATIVIDADE PROPOSTA

TAREFA A SER REALIZADA	INTERESSE/ MOTIVAÇÃO PARA REALIZAÇÃO DAS ATIVIDADES	MINHA ATITUDE	O QUE ESTOU SENTINDO - EMOÇÃO: PRIMÁRIA	O QUE ESTOU SENTINDO - EMOÇÃO: SECUNDÁRIA	O CORPO FALA	RESULTADOS DE MINHAS ESCOLHAS PLANEJAMENTO	ENVOLVIMENTO E DURAÇÃO NA ATIVIDADE	ESTRATÉGIA UTILIZADA	PLANO B - REPROGRAMAR
ESTUDAR PARA A PROVA DE MATEMÁTICA	ENTENDER E EMPREGAR A MATÉRIA ESTUDADA	PERSISTÊNCIA INTERESSE PLANEJAMENTO MOTIVAÇÃO	ALEGRIA SATISFAÇÃO ENTUSIASMO	ACEITAÇÃO APROVAÇÃO INTERESSE E FOCO AUTOESTIMA	ALÍVIO TRANQUILIDADE SONO NORMAL	(X) DENTRO DO ESPERADO ( ) FORA DO ESPERADO ( ) AJUSTE NECESSÁRIO – PLANO B ( ) PESQUISAR LINHA DE RACIOCÍNIO	( ) MAL APROVEITADO ( ) EM CONSTRUÇÃO (X) AGENDA DE HORÁRIOS 2F | 3F | 4F | 5F | 6F | SA | DO MANHÃ | TARDE | NOITE *RESPEITE SEU HORÁRIO DE DESCANSO! - ENTRE OS CONTEÚDOS FAÇA UM INTERVALO DE 15 MIN. - HORÁRIO IDEAL PARA ESTUDO NOTURNO DE 18H ÀS 22H.	MATÉRIA ESTUDADA / 10 DIAS VIDE CAPÍTULO MARCADO	( ) AJUDA/ PARCERIAS (X) TEMPO EXTRA ( ) PLANEJAMENTO DE TEMPO ( ) OUTROS

CONSEQUÊNCIAS DAS ESCOLHAS:		(X) GANHO NA MEMÓRIA E ATENÇÃO (X) AUTOESTIMA NORMAL (X) CONFIANÇA DAS PESSOAS
RECOMPENSA	IMEDIATA (X)	VOCÊ MERECE UM ENORME ELOGIO: - O QUE VOCÊ ESPERA DE SEUS PAIS/ RESPONSÁVEIS? ACREDITAR EM MINHAS ATITUDES E HABILIDADES. - O QUE VOCÊ ESPERA DA SUA ESCOLA? RECONHECIMENTO - O QUE VOCÊ ESPERA DE SEUS FAMILIARES? TORCIDA - O QUE VOCÊ ESPERA DO SEU PSICOPEDAGOGO? ELOGIO
	A LONGO PRAZO (X)	MANTER ATIVIDADES E HÁBITOS POSITIVOS
PUNIÇÃO	IMEDIATA ( )	VOCÊ MERECE AJUSTES DE CONTAS: ( ) SIM (X) NÃO - O QUE VOCÊ MERECE? ____________
	A LONGO PRAZO ( )	
AC - AJUSTE DE CONTAS:		

Vamos treinar!? Quanto mais treino, mais excelência!

Sempre se lembre do produto final!

<table>
<tr><th colspan="10">MODALIDADE DE ORGANIZAÇÃO DE COMPROMISSOS ESCOLARES- MOCE</th></tr>
<tr><th colspan="10">MODELO NEGATIVO</th></tr>
<tr><td>OBJETIVO DA ATIVIDADE:</td><td colspan="5">IMPORTÂNCIA DA ATIVIDADE:</td><td colspan="4">PESSOAS ENVOLVIDAS</td></tr>
<tr><td></td><td colspan="5"></td><td colspan="4"></td></tr>
<tr><td colspan="10">COMO EU ME SINTO AO REALIZAR A ATIVIDADE PROPOSTA</td></tr>
<tr><td rowspan="2">TAREFA A SER REALIZADA</td><td rowspan="2">INTERESSE/ MOTIVAÇÃO PARA REALIZAÇÃO DAS ATIVIDADES</td><td rowspan="2">MINHA ATITUDE</td><td colspan="2">O QUE ESTOU SENTINDO
- EMOÇÃO</td><td rowspan="2">O CORPO FALA</td><td rowspan="2">RESULTADOS DE MINHAS ESCOLHAS
PLANEJAMENTO</td><td rowspan="2">ENVOLVIMENTO E DURAÇÃO NA ATIVIDADE</td><td rowspan="2">ESTRATÉGIA UTILIZADA</td><td rowspan="2">PLANO B
- REPROGRAMAR</td></tr>
<tr><td>PRIMÁRIA</td><td>SECUNDÁRIA</td></tr>
<tr><td></td><td></td><td></td><td></td><td></td><td></td><td>( ) DENTRO DO ESPERADO
( ) FORA DO ESPERADO
( ) AJUSTE NECESSÁRIO – PLANO B
( ) PESQUISAR LINHA DE RACIOCÍNIO</td><td>( ) MAL APROVEITADO
( ) EM CONSTRUÇÃO
( ) AGENDA DE HORÁRIOS
2F | 3F | 4F | 5F | 6F | SA | DO
MANHÃ | TARDE | NOITE
*RESPEITE SEU HORÁRIO DE DESCANSO!
- ENTRE OS CONTEÚDOS FAÇA UM INTERVALO DE 15 MIN.
- HORÁRIO IDEAL PARA ESTUDO NOTURNO DE 18H ÀS 22H.</td><td></td><td>( ) AJUDA/ PARCERIAS
( ) TEMPO EXTRA
( ) PLANEJAMENTO DE TEMPO
( ) OUTROS</td></tr>
<tr><td colspan="10">CONSEQUÊNCIAS DAS ESCOLHAS:</td></tr>
<tr><td rowspan="2">RECOMPENSA</td><td>IMEDIATA
( )</td><td colspan="8">VOCÊ MERECE UM ENORME ELOGIO:
- O QUE VOCÊ ESPERA DE SEUS PAIS/ RESPONSÁVEIS? ____
- O QUE VOCÊ ESPERA DA SUA ESCOLA? ____
- O QUE VOCÊ ESPERA DE SEUS FAMILIARES? ____
- O QUE VOCÊ ESPERA DO SEU PSICOPEDAGOGO?</td></tr>
<tr><td>A LONGO PRAZO ( )</td><td colspan="8"></td></tr>
<tr><td rowspan="2">PUNIÇÃO</td><td>IMEDIATA
( )</td><td colspan="8">VOCÊ MERECE AJUSTES DE CONTAS: ( ) SIM ( ) NÃO
- O QUE VOCÊ MERECE? ____</td></tr>
<tr><td>A LONGO PRAZO ( )</td><td colspan="8"></td></tr>
<tr><td colspan="10">AC - AJUSTE DE CONTAS:</td></tr>
<tr><td colspan="10">Copyright ÂNGELA MATHYLDE SOARES</td></tr>
</table>

<table>
<tr><th colspan="10">MODALIDADE DE ORGANIZAÇÃO DE COMPROMISSOS ESCOLARES- MOCE</th></tr>
<tr><th colspan="10">MODELO POSITIVO</th></tr>
<tr><td>OBJETIVO DA ATIVIDADE:</td><td colspan="5">IMPORTÂNCIA DA ATIVIDADE:</td><td colspan="4">PESSOAS ENVOLVIDAS</td></tr>
<tr><td></td><td colspan="5"></td><td colspan="4"></td></tr>
<tr><td colspan="10">COMO EU ME SINTO AO REALIZAR A ATIVIDADE PROPOSTA</td></tr>
<tr><td rowspan="2">TAREFA A SER REALIZADA</td><td rowspan="2">INTERESSE/ MOTIVAÇÃO PARA REALIZAÇÃO DAS ATIVIDADES</td><td rowspan="2">MINHA ATITUDE</td><td colspan="2">O QUE ESTOU SENTINDO
- EMOÇÃO</td><td rowspan="2">O CORPO FALA</td><td rowspan="2">RESULTADOS DE MINHAS ESCOLHAS
PLANEJAMENTO</td><td rowspan="2">ENVOLVIMENTO E DURAÇÃO NA ATIVIDADE</td><td rowspan="2">ESTRATÉGIA UTILIZADA</td><td rowspan="2">PLANO B
- REPROGRAMAR</td></tr>
<tr><td>PRIMÁRIA</td><td>SECUNDÁRIA</td></tr>
<tr><td></td><td></td><td></td><td></td><td></td><td></td><td>( ) DENTRO DO ESPERADO
( ) FORA DO ESPERADO
( ) AJUSTE NECESSÁRIO – PLANO B
( ) PESQUISAR LINHA DE RACIOCÍNIO</td><td>( ) MAL APROVEITADO
( ) EM CONSTRUÇÃO
( ) AGENDA DE HORÁRIOS
2F | 3F | 4F | 5F | 6F | SA | DO
MANHÃ | TARDE | NOITE
*RESPEITE SEU HORÁRIO DE DESCANSO!
- ENTRE OS CONTEÚDOS FAÇA UM INTERVALO DE 15 MIN.
- HORÁRIO IDEAL PARA ESTUDO NOTURNO DE 18H ÀS 22H.</td><td></td><td>( ) AJUDA/ PARCERIAS
( ) TEMPO EXTRA
( ) PLANEJAMENTO DE TEMPO
( ) OUTROS</td></tr>
<tr><td colspan="10">CONSEQUÊNCIAS DAS ESCOLHAS:</td></tr>
<tr><td rowspan="2">RECOMPENSA</td><td>IMEDIATA
( )</td><td colspan="8">VOCÊ MERECE UM ENORME ELOGIO:
- O QUE VOCÊ ESPERA DE SEUS PAIS/ RESPONSÁVEIS? ____
- O QUE VOCÊ ESPERA DA SUA ESCOLA? ____
- O QUE VOCÊ ESPERA DE SEUS FAMILIARES? ____
- O QUE VOCÊ ESPERA DO SEU PSICOPEDAGOGO?</td></tr>
<tr><td>A LONGO PRAZO ( )</td><td colspan="8"></td></tr>
<tr><td rowspan="2">PUNIÇÃO</td><td>IMEDIATA
( )</td><td colspan="8">VOCÊ MERECE AJUSTES DE CONTAS: ( ) SIM ( ) NÃO
- O QUE VOCÊ MERECE? ____</td></tr>
<tr><td>A LONGO PRAZO ( )</td><td colspan="8"></td></tr>
<tr><td colspan="10">AC - AJUSTE DE CONTAS:</td></tr>
<tr><td colspan="10">Copyright ÂNGELA MATHYLDE SOARES</td></tr>
</table>

Agora é hora de avaliarmos nosso trabalho.
Vamos preencher a ficha SQ - Selo de Qualidade

Amei | Gostei | Mais ou menos | Falta algo | Detestei

Solução: ____
____

☐ Preciso de mais uma sessão, para trabalharmos sobre este assunto:
Próxima data: / /

☐ Não quero falar sobre isto. Retorno ao assunto:
/ /

☐ Não sei falar.
Previsão: / /

Acredito que____

ATIVIDADE 7

VAMOS EVITAR PROBLEMAS?

A primeira iniciativa a ser feita é conhecer seu inimigo, neste processo escolar.

Se o conhece, suas estratégias tornam-se mais eficazes para vencê-lo.

Vamos aprender juntos!

Vamos conhecê-lo?

Não para ficar paralisado, mas, sim, para ir a diante.

No quadro abaixo, o problema sinalizado é falta de atenção. Nesta situação, este é seu inimigo reconhecido. A organização faz-se necessária, para que se construa um planejamento estratégico, que lhe dê segurança, nas táticas utilizadas, para eliminar ou atenuar o desconforto (problema). Uma estratégia favorável, é uma boa decisão.

Já estamos meio caminho andado!

Agora, o esforço é resolver qual será a tomada de decisão, e usar estratégias que o(a) motivem.

Analise a emoção e o empenho, a resolver. Lembre-se, problema é para ser resolvido e não para ser escondido, para não prejudicar a tomada de decisões.

Liberando e motivando para manter esta estratégia, que influencia e entusiasma a realização das atividades.

Isto é show!

A primeira destina-se a levantar o problema encontrado. Neste momento, ele se torna o inimigo a ser vencido. No caso deste exemplo, é a desatenção. Que bom! Detectamos o problema inicial, o desconforto. As colunas seguintes dizem respeito às ações com o objetivo de reconhecer e eliminá-lo, pois causa desconforto e que é paralisante! Então, vamos acompanhar atenciosamente o quadro a seguir.

Observe as colunas no quadro abaixo:

<table>
<tr><th colspan="12">FICHA DE RECONHECIMENTO E ESTRATÉGIAS ESPECIFICAS - FREe</th></tr>
<tr><th>Situação/
Problema
Do que se trata</th><th>Quando</th><th>O que fazer</th><th>Como fazer</th><th>Pessoas envolvidas que contribuem</th><th colspan="4">Número de vezes que acontece</th><th colspan="2">Tempo despendido</th></tr>
<tr><td rowspan="2">- Falta de atenção</td><td rowspan="2">- Matérias que têm pouco interesse
- Muito estimulo negativo em sala de aula
- Dificuldade com a luz da sala, cor do quadro, local onde assento</td><td rowspan="2">- Procedimento de estudo favorável
- Horário
- Ambiente adequado
- Mapa cognitivo
Diminuir situação estresse</td><td rowspan="2">- Estratégias motivacionais
- Gravar áudios com as matérias
- Aulas de monitoria
- Visitar o especialista
- Recursos</td><td rowspan="2">- Familiares
- Escola
- Amigos
- Outros (quais?)
- Professores particulares</td><td>+</td><td>+
+</td><td>++
+</td><td>++
++</td><td colspan="2" rowspan="2">Coloque aqui o tempo gasto para a atividade

( ) Positivo (X) Negativo

TPA - Tempo planejado para a atividade 200 min.
TGA - Tempo gasto para a atividade 80 min.
TRA - Tempo real da atividade 280 min

Use conjuntamente a Ficha de Tempo e Comportamento Aproveitável - FTCApr</td></tr>
<tr><td></td><td></td><td>X</td><td></td></tr>
<tr><td>O que estou sentindo</td><td>O que tenho que resistir</td><td>O que posso desenvolver</td><td>O que devo que preservar</td><td>O que devo repensar</td><td colspan="4">O que devo mudar</td><td>14h00 min</td><td>Inicio: planejamento para 14:00h</td></tr>
<tr><td rowspan="5">Tristeza</td><td rowspan="5">Raiva</td><td rowspan="5">Confiança</td><td rowspan="5">Objetivo</td><td rowspan="5">Organização e Planejamento</td><td colspan="4" rowspan="5">Desorganização</td><td>17h00 min.</td><td>Término: planejamento estendido</td></tr>
<tr><td>3h00 min.</td><td>Total: 200 minutos a mais</td></tr>
<tr><td>1h00 min.</td><td>Tempo esperado</td></tr>
<tr><td rowspan="2">__h__ min.</td><td>Desperdício</td></tr>
<tr><td>Como recuperar o tempo</td></tr>
<tr><td colspan="12">Copyright ÂNGELA MATHYLDE SOARES</td></tr>
</table>

Vamos treinar, fazendo nosso mapa mental, a trajetória, de acordo com o quadro a seguir. Vamos transcrever o Quadro FREe.

Lembre-se!

Ter conhecimento e controle de sua vida escolar é libertador! Adeus aos inimigos!

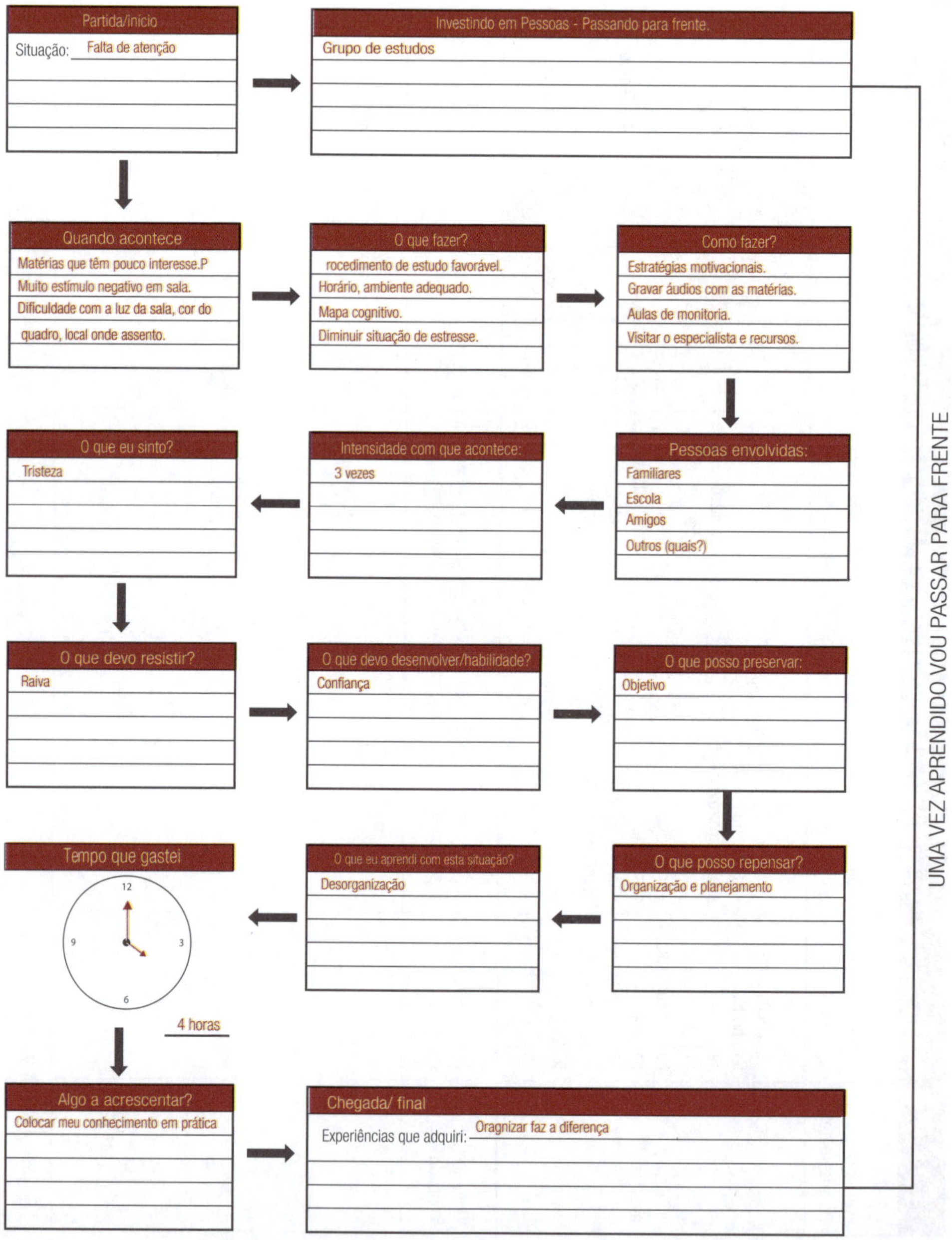

Agora é com você!!!

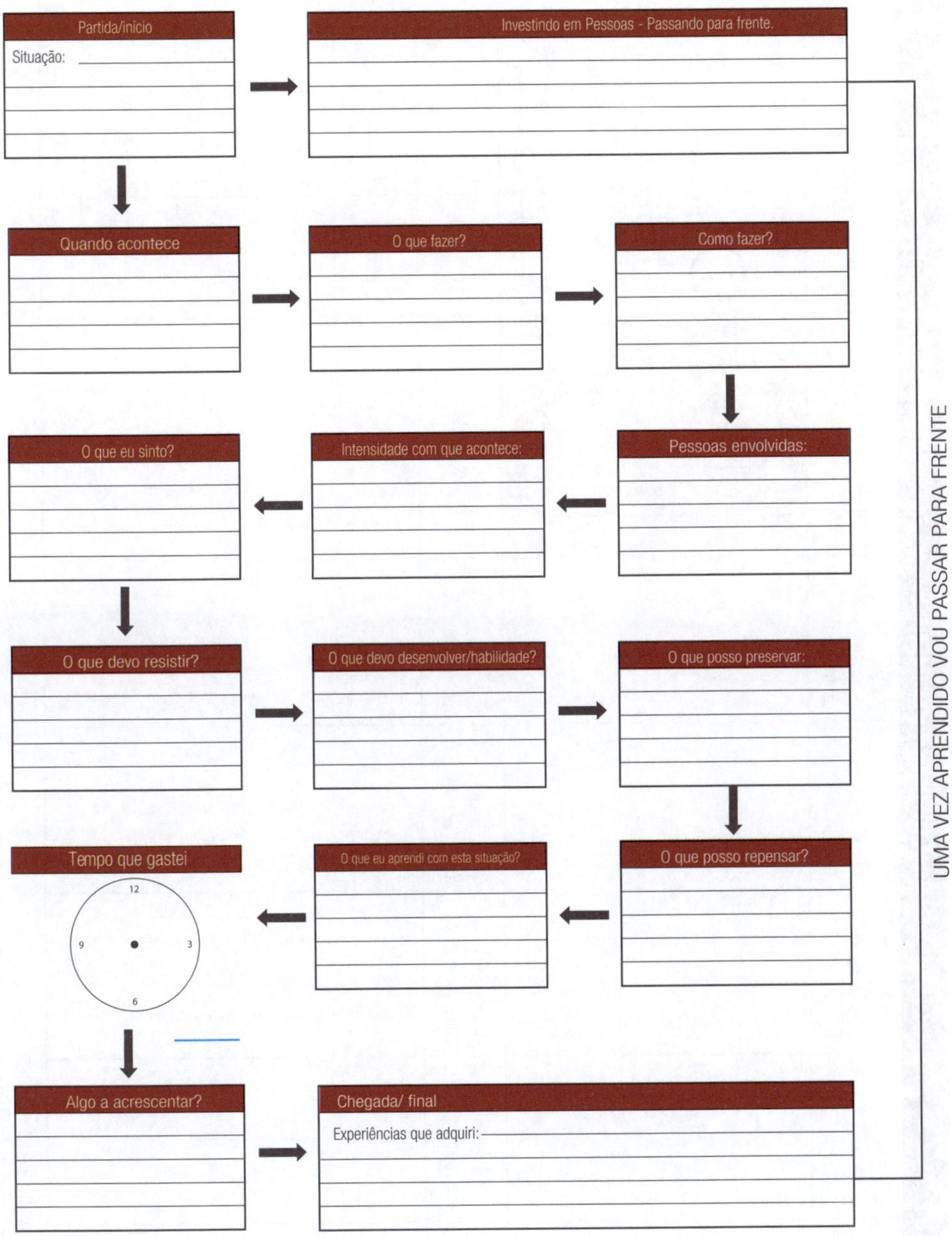

MODELO DE FICHA DE RECONHECIMENTO E ESTRATÉGIAS ESPECIFICAS - FREe

Situação/ Problema Do que se trata	Quando	O que fazer	Como fazer	Pessoas envolvidas que contribuem	Número de vezes que acontece				Tempo despendido	
					+	+ +	++ +	++ ++	Coloque aqui o tempo gasto para a atividade ( ) Positivo ( ) Negativo **TPA - Tempo planejado para a atividade** **TGA - Tempo gasto para a atividade** **TRA - Tempo real da atividade** Use conjuntamente a Ficha de Tempo e Comportamento Aproveitável - FTCApr	
O que estou sentindo	O que tenho que resistir	O que posso desenvolver	O que devo que preservar	O que devo repensar	O que devo mudar				__h__ min.	Inicio
									__h__ min.	Término
									__h__ min.	Total
									__h__ min.	Tempo esperado
									__h__ min.	Desperdício
										Como recuperar o tempo

Não perca o sono por causa de problemas, porque criará um efeito cascata em sua cabeça.

Veja!

O primeiro é a falta de sono, o segundo o cansaço, o terceiro a ansiedade em resolvê-lo, quarto a falta de energia, para executar tarefas, quinto o medo, sexto a sensação de estar sozinho no barco ou que o barco está repleto de muitos opinadores e por aí em diante, não para.

A cabeça fica cheia de minhoca!

O QUE FAZER, ENTÃO?

Sentir-se *ferrado*?

Não! Dê um jeito, colega! Não jogue a toalha. Planeje estratégias, que tenham objetivos de solucionar os problemas e não criá-los, ou pior, um descaso frente às situações. Utilize as fichas em todas as situações que precisar. Problemas detectados, problemas resolvidos. Resolva-os com inteligência!

Ok???

Agora é hora de avaliarmos nosso trabalho.
Vamos preencher a ficha SQ - Selo de Qualidade

Amei | Gostei | Mais ou menos | Falta algo | Detestei

Solução: ____
____

☐ Preciso de mais uma sessão, para trabalharmos sobre este assunto:
Próxima data: / /

☐ Não quero falar sobre isto. Retorno ao assunto:
/ /

☐ Não sei falar.
Previsão: / /

Acredito que____

ATIVIDADE 8

CONHECENDO SUAS EMOÇÕES E A IMPORTÂNCIA DELAS PARA REALIZAÇÃO DOS OBJETIVOS ESCOLARES

Vamos pesquisar sobre as Emoções.

Quais são e quantas são?

Você se surpreenderá!

Lembre-se que podemos utilizar este quadro com comportamentos positivos e assertivo como ao contrário.

Pronto para começar? Inicialmente, vamos pesquisar em fontes confiáveis.

Você compreenderá que emoções bem direcionadas, geram motivação positiva.

Preste atenção no quadro a seguir. Vamos pesquisar juntos(as)?

CONHECENDO AS EMOÇÕES E A IMPORTÂNCIA DELAS PARA A REALIZAÇÃO DE OBJETIVOS

1. O QUE SÃO EMOÇÕES?

*Fonte

2. COMO ACONTECEM AS EMOÇÕES?

*Fonte

3. DIFERENÇA ENTRE EMOÇÃO E SENTIMENTO:

*Fonte

4. PARA QUE SERVEM AS EMOÇÕES?

*Fonte

5. QUAIS VOCÊ MAIS VIVENCIA? EM QUAIS SITUAÇÕES?

*Fonte

6. AS EMOÇÕES

NOME	SIGNIFICADO	CONHEÇO	DESCONHEÇO

*Fonte

Observação: busque fontes confiáveis.

Já vimos que todas as Emoções têm origem em um acontecimento positivo ou negativo. E nas duas situações é necessário identificar a situação problema e o comportamento.

A partir dessa análise, conheceremos as consequências e a base de onde surgiu cada uma.

Observe o exemplo no Quadro **FACE**. No primeiro momento, identificamos o problema, que é desrespeito ao professor. Mediante este comportamento, levantamos as consequências deste descontrole. E a reação de todos que estão envolvidos em todo o processo. Quando queremos uma mudança, encaramos nossas necessidades e solicitamos ajuda com facilidade, pois reconhecemos que não vivemos sozinhos ou isolados, em muitas situações, compreende?

<table>
<tr><th colspan="9">FICHA DE ANÁLISE E CONTROLE DAS EMOÇÕES - FACEs</th></tr>
<tr><td colspan="2">1 – IDENTIFICAÇÃO DO PROBLEMA NO COMPORTAMENTO</td><td colspan="2">2 - CONSEQUÊNCIAS</td><td colspan="2">3 – EMOÇÃO</td><td>DOS FAMILIARES</td><td>AMIGOS/ PARCEIROS</td><td>AMBIENTE ESCOLAR</td><td>DO(A) TERAPEUTA</td></tr>
<tr><td rowspan="2">VALEU A PENA O SEU COMPORTAMENTO?</td><td>( ) SIM. POR QUE?</td><td rowspan="2">SEU COMPORTAMENTO ENVOLVEU APENAS VOCÊ?</td><td>( ) SIM. POR QUE?</td><td rowspan="2">BÁSICA: DE ONDE VEIO</td><td rowspan="2">SECUNDÁRIA
O QUE SINTO DEPOIS</td><td rowspan="2">TRISTEZA</td><td rowspan="2">20% APROVOU
50% “PAIA”
30%INDIFERENÇA</td><td rowspan="2">DESCONHECE PÔRQUE ISTO ACONTECE</td><td rowspan="2">INVESTIR EM NOVAS ESTRATÉGIAS DE ESTUDO E INVESTIGAÇÃO E ENCAMINHAMENTO PARA PROFESSOR.</td></tr>
<tr><td>(X) NÃO. POR QUE?
PERDI O RESPEITO DOS PROFESSORES.</td><td>(X) NÃO. POR QUE?
A FAMÍLIA</td></tr>
<tr><td colspan="2">- VIOLAÇÃO DAS NORMAS ESTABELECIDAS EM CASA E ESCOLA</td><td colspan="2">- AJUSTE DE CONTAS</td><td>- RAIVA</td><td>- DESPREZO
- INDIGNAÇÃO</td><td></td><td></td><td></td><td></td></tr>
<tr><td colspan="2">O QUE VOCÊ PODE FAZER PARA CONTINUAR OU MODIFICAR SUA ATIVIDADE?</td><td colspan="8">- EU POSSO: RESPEITAR AS REGRAS DE CASA E CUIDAR DAS MINHAS EMOÇÕES COM O PROFISSIONAL DE PSICOLOGIA</td></tr>
<tr><td colspan="10">PRECISO DE AJUDA</td></tr>
<tr><td colspan="10">Copyright ÂNGELA MATHYLDE SOARES</td></tr>
</table>

Agora, é sua vez. Vamos treinar?

FICHA DE ANÁLISE E CONTROLE DAS EMOÇÕES - FACEs									
1 – IDENTIFICAÇÃO DO PROBLEMA NO COMPORTAMENTO		2 - CONSEQUÊNCIAS		3 – EMOÇÃO		DOS FAMILIARES	AMIGOS/ PARCEIROS	AMBIENTE ESCOLAR	DO(A) TERAPEUTA
VALEU A PENA O SEU COMPORTAMENTO?	( ) SIM. POR QUE?	SEU COMPORTAMENTO ENVOLVEU APENAS VOCÊ?	( ) SIM. POR QUE?	BÁSICA: DE ONDE VEIO	SECUNDÁRIA				
	( ) NÃO. POR QUE?		( ) NÃO. POR QUE?						
- VIOLAÇÃO DAS NORMAS ESTABELECIDAS EM CASA E ESCOLA		- AJUSTE DE CONTAS							
O QUE VOCÊ PODE FAZER PARA CONTINUAR OU MODIFICAR SUA ATIVIDADE?		- EU POSSO:							
PRECISO DE AJUDA									
Copyright ÂNGELA MATHYLDE SOARES									

Agora é hora de avaliarmos nosso trabalho.
Vamos preencher a ficha SQ - Selo de Qualidade

Amei	Gostei	Mais ou menos	Falta algo	Detestei

Solução: ____

____

☐ Preciso de mais uma sessão, para trabalharmos sobre este assunto:
Próxima data: / /

☐ Não quero falar sobre isto. Retorno ao assunto:
/ /

☐ Não sei falar.
Previsão: / /

Acredito que____

ATIVIDADE 9

PENSO. LOGO, TENHO A OBRIGAÇÃO DE REFLETIR!

Pensar é muito importante.

Pensar proporciona a importância de determinado evento. Podemos dizer que o pensamento tem como missão tornar-se avaliador da realidade formada, a partir da combinação de lembranças dos acontecimentos atuais construtivos do conhecimento. É essencial para a aprendizagem.

O fundamental deslocamento do procedimento de conscientização é o pensamento. A atividade de pensar confere liberdade, para movimentar no mundo. Pensamentos positivos, motivação positiva, pensamentos negativos motivação negativa.

Por isso, cuidado com pensamentos e sentimentos negativos. Estes podem acabar com sua alegria e foco.

Fique atento(a). Pensamentos negativos, motivação negativa e vice-versa.

No quadro a seguir, exponha os pensamentos e suas respectivas consequências, em cada situação.

É necessário investimento de sua parte. Tudo bem? Vamos lá. Eu comecei o 1º. Observe com atenção.

O resto é com você.

Podemos verificar na Ficha de Execução e Reflexão dos Pensamentos Apropriados - FERPAs, que o aluno está com a autoestima excelente.

Ele completa a primeira coluna com “sou o máximo”. Logo adiante, ele relata que desfruta do sentimento de satisfação, que gerou um comportamento positivo e a reação física de alívio.

Percebe-se que ele está adaptado com relação ao professor o que comprova que positivo gera positivo.

Observe, porém, que na coluna Ficha de Execução e Reflexão dos Pensamentos Inapropriados - FIRPIs, está escrito “eu sou um fracasso” e, a seguir, a emoção liberada foi de Tristeza, que gerou um Comportamento Negativo, brigas com pessoas queridas e falta de interesse.

A reação física foi de fadiga, cansaço intenso.

Concluímos: NEGATIVO gera NEGATIVO. Então, vamos prestar atenção nas escolhas que fazemos.

FICHA DE EXECUÇÃO E REFLEXÃO DOS PENSAMENTOS APROPIADOS - FERPAs				
POSITIVO				
SITUAÇÃO	PENSAMENTO POSITIVO	EMOÇÃO	COMPORTAMENTO	RETORNO FISIOLÓGICO
O(a) psicopedagogo(a) disse	Eu sou o máximo	Satisfação	Feliz. Contar aos amigos	Sensação de alivio
A direção da escola comentou...				
Meu professor...				
Meus pais vão me...				
Meus irmãos e eu...				
Eu vou ser...				
Eu não consigo...				
Meus amigos...				
Meus cadernos estão...				
Eu briguei com...				
Eu estudo, mas...				
Eu não enxergo...				
Recebi reprovação em...				
Eu tenho vontade de...				
Apresentar trabalho é...				
Fazer prova separado é...				
No dia de prova...				
Minha escola...				
Eu perdi...				
Eu anoto tudo, mas...				
Eu sinto medo...				
Complete:				

Este quadro abaixo é inapropriado. Na vida isto acontece, mas o principal é refletir sobre, não assumir, e ponto final. A sua autoimagem será construída à medida que se conhecer; o importante é saber mais de nós mesmos. Não fique parado(a) encare, reflita e mude se necessário. Não fique preso como bebê chorão, exclamando: - Coitadinha(o) de mim... -foi ele quem fez, tudo eu?!?, a culpa não é minha, eles não gostam de mim, -estão conspirando contra mim. Vou falar poucas e boas com eles, -vou me vingar, Se eu pegar, vou meter a mão na cara, torcer o pescoço, nunca mais olho na cara Isto não vai prestar!

Este comportamento é negativo, inapropriado; que tal mudarmos nossa forma de pensar? Se foi eu, como iremos resolver? Qual alternativa terei? Assumo o que fiz, porém me proponho a fazer de forma melhor. Tenho interesse em fazer diferente e com comprometimento. Às vezes precisamos até pedir perdão e consertar as coisas.

Mudança, Mudança, Mudança com consciência!

FICHA DE EXECUÇÃO E REFLEXÃO DOS PENSAMENTOS INAPROPIADOS - FERPIs				
NEGATIVO				
SITUAÇÃO	EMOÇÃO	COMPORTAMENTO	RETORNO FISIOLÓGICO	PENSAMENTO NEGATIVO
O(a) psicopedagogo(a) disse	Sou um fracasso	Tristeza e ira	Brigas com as pessoas queridas	Fadiga e falta de energia
A direção da escola comentou...				
Meu professor...				
Meus pais vão me...				
Meus irmãos e eu...				
Eu vou ser...				
Eu não consigo...				
Meus amigos...				
Meus cadernos estão...				
Eu briguei com...				
Eu estudo, mas...				
Eu não enxergo...				
Recebi reprovação em...				
Eu tenho vontade de...				
Apresentar trabalho é...				
Fazer prova separado é...				
No dia de prova...				
Minha escola...				
Eu perdi...				
Eu anoto tudo, mas...				
Eu sinto medo...				
Complete:				

Nas escolhas, precisamos resolver os problemas, para termos uma solução.

Problema sem solução vira fantasma, que logo vem assombrar nossa vida.

Então, fuja dessa situação! Então vamos lá?

Vamos treinar com as fichas abaixo?

FICHA DE EXECUÇÃO E REFLEXÃO DOS PENSAMENTOS APROPIADOS - FERPAs

	POSITIVO			
SITUAÇÃO	PENSAMENTO POSITIVO	EMOÇÃO	COMPORTAMENTO	RETORNO FISIOLÓGICO
O(a) psicopedagogo(a) disse				
A direção da escola comentou...				
Meu professor...				
Meus pais vão me...				
Meus irmãos e eu...				
Eu vou ser...				
Eu não consigo...				
Meus amigos...				
Meus cadernos estão...				
Eu briguei com...				
Eu estudo, mas...				
Eu não enxergo...				
Recebi reprovação em...				
Eu tenho vontade de...				
Apresentar trabalho é...				
Fazer prova separado é...				
No dia de prova...				
Minha escola...				
Eu perdi...				
Eu anoto tudo, mas...				
Eu sinto medo...				
Complete:				

FICHA DE EXECUÇÃO E REFLEXÃO DOS PENSAMENTOS INAPROPIADOS - FERPIs				
NEGATIVO				
SITUAÇÃO	EMOÇÃO	COMPORTAMENTO	RETORNO FISIOLÓGICO	PENSAMENTO NEGATIVO
O(a) psicopedagogo(a) disse				
A direção da escola comentou...				
Meu professor...				
Meus pais vão me...				
Meus irmãos e eu...				
Eu vou ser...				
Eu não consigo...				
Meus amigos...				
Meus cadernos estão...				
Eu briguei com...				
Eu estudo, mas...				
Eu não enxergo...				
Recebi reprovação em...				
Eu tenho vontade de...				
Apresentar trabalho é...				
Fazer prova separado é...				
No dia de prova...				
Minha escola...				
Eu perdi...				
Eu anoto tudo, mas...				
Eu sinto medo...				
Complete:				

Agora estamos numa nova fase: encarar os problemas causados. Sempre terá dois lados. Foque na solução. Não bata boca ou qualquer reação que lhe deixe paralisado(a) ou envergonhado(a)!

Vamos Resolver Problemas?

Preencha usando o exemplo das Ficha de Execução e Reflexão dos Pensamentos Apropriados - FERPAs e Ficha de Execução e Reflexão dos Pensamentos Inapropriados - FERPIs acima.

Lembre-se sempre da Situação Problema:

Escreva na figura da esquerda pensamentos positivos e na figura da direita pensamentos negativos.

E na intercessão, escreva uma solução, pois já sabemos que todo conflito tem alternativa, para ser resolvido. Precisamos resolver os problemas, para chegarmos a uma solução.

Problema sem solução vira fantasma, que logo vem assombrar nossa vida.

Então, fuja dessa situação! Vamos construir a Ficha Resolvendo Problemas - FRP, abaixo com as vivências das fichas anteriores, Ficha de Execução e Reflexão dos Pensamentos Apropriados - FERPAs e Ficha de Execução e Reflexão dos Pensamentos Inapropriados - FERPIs.

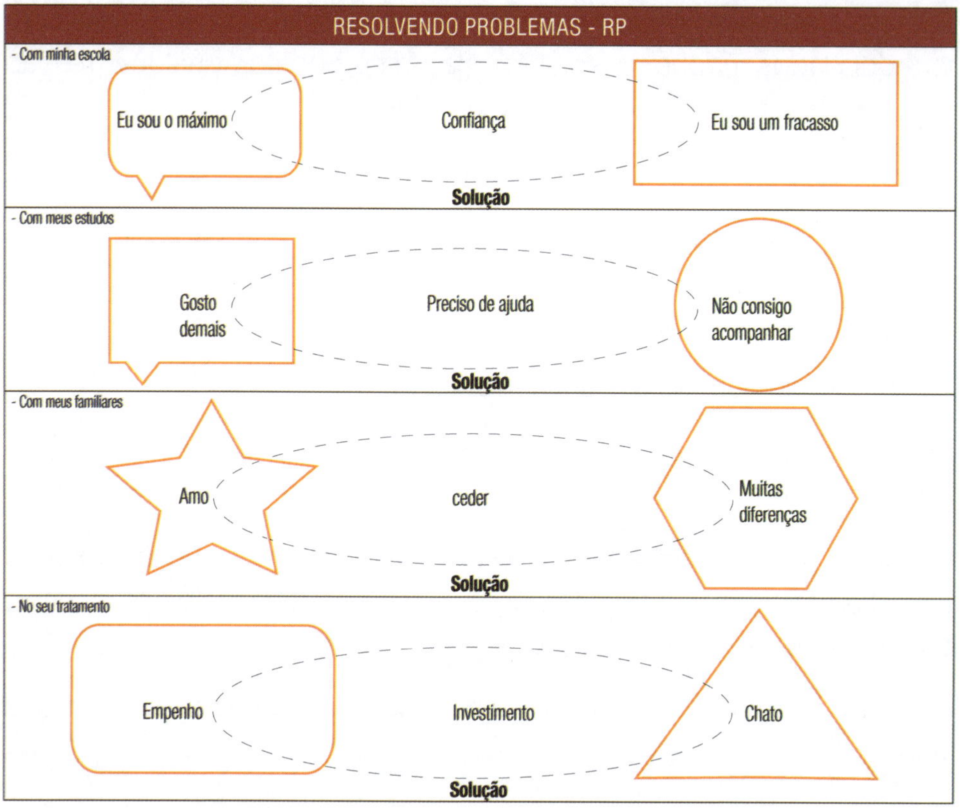

Agora, é sua vez. Manda brasa!!!

A primeira coisa a fazer é conhecer o inimigo. Se é um problema, vamos vencê-lo.

Vamos conhecer em qual situação acontece.

No quadro abaixo, o problema é falta de atenção. Uma vez conhecido, busco a estratégia favorável.

Já estamos com meio caminho andado!

Agora, o esforço será resolver qual atitude tomar primeiro.

Observe o exemplo!

Analiso o problema e analiso a emoção que tenho que conter, para que não me atrapalhe em meus pensamentos e muito menos na tomada de decisões.

Liberando e motivando a manter esta estratégia.

Isto é show!

RESOLVENDO PROBLEMAS - RP

- Com minha escola

Solução

- Com meus estudos

Solução

- Com meus familiares

Solução

- No seu tratamento

Solução

Agora é hora de avaliarmos nosso trabalho.
Vamos preencher a ficha SQ - Selo de Qualidade

Amei	Gostei	Mais ou menos	Falta algo	Detestei

Solução: ____

____

☐ Preciso de mais uma sessão, para trabalharmos sobre este assunto:
Próxima data: / /

☐ Não quero falar sobre isto. Retorno ao assunto:
/ /

☐ Não sei falar.
Previsão: / /

Acredito que____

ATIVIDADE 10

ORGANIZAÇÃO, APROVEITAMENTO DO TEMPO E COMPORTAMENTO APROVEITÁVEL

Ficha do Tempo e Comportamento Aproveitável - FTCApr

O objetivo deste Ficha do Tempo e Comportamento Aproveitável - FTCAp é trabalhar com a melhor forma de empregar bem o tempo. Como utilizá-lo em todas as situações. Afinal, tempo mal utilizado é tempo perdido.

Sabemos que o relógio tem 4 partes e cada uma tem duração de 15 minutos; somando, assim, 60 minutos.

Relógio de Tempo e Comportamento Aproveitável - ATCap
Vamos planejar?

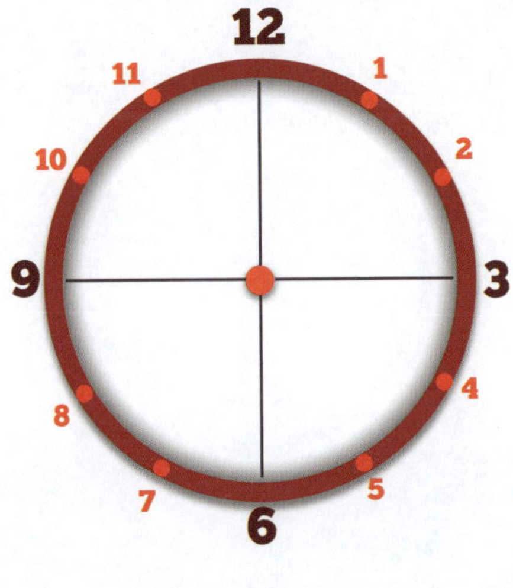

Os primeiros 15 minutos são para *levantamentos de ideias e composição de parcerias, se houver necessidade.*

Os 15 minutos seguintes são para *afinar as ideias e objetivos.*

Os próximos 15 minutos são *para levantamento de metas, alvo e tempo.*

Os 15 minutos finais, completando 60 minutos são para *execução e aplicabilidade do planejamento.*

Preste atenção, fique de olho no tempo planejado para a atividade - TPA. Este é o tempo real para a conclusão total da atividade.

Já o Tempo Gasto para a Atividade - TGA diz respeito ao tempo a mais ou a menos no planejamento real da atividade. Tempo mal aproveitável é tempo dispersado. Sempre tenha em sua mente que o planejamento lhe trará descanso e recompensas. Já a falta dele trará muita confusão. De minuto em minuto vamos fazendo diferença na nossa vida e na vida de outras que nela estão. Assim saberá se este tempo é ou foi aproveitado com positividade ou negatividade. O relógio tem que andar a nosso favor. Se o projeto for de grande escala, precisaremos de mais tempo. Não importa, desde que siga sempre o relógio a seu favor.

Reconhecendo o desperdício de tempo, pare, reprograme o relógio. Faça um novo planejamento para seu projeto, faça as devidas adaptações. Não se esqueça de solicitar ajuda, se necessário.

Aliás errar é humano, mas permanecer no erro é falta de noção! Vamos manter nosso alvo, companheiro(a).

Vamos treinar, então?

Preencha a Ficha de Tempo e Comportamento Aproveitável - FTCApr com alguma situação de sua vida.

FICHA DE TEMPO E COMPORTAMENTO APROVEITÁVEL - FTCApr	
Nome do Projeto:	
Idealizadores:	
Início: ______h______min Término: ______h______min	
1º __________ minutos Data: ____/____/____	Composição de parcerias:
Levantamento de ideias:	
Análise do Tempo investido: ( ) Positivo ( ) Negativo ( ) Estendido	
2º __________ minutos Data: ____/____/____	Objetivos Gerais:
Objetivos Específicos:	
Análise do Tempo investido: ( ) Positivo ( ) Negativo ( ) Estendido	
3º __________ minutos Data: ____/____/____	- Metas, Alvo e Tempo Planejado Síntese:

Metas-

Alvo-

Tempo Planejado para a Atividade-TPA:

Tempo Gasto para a Atividade-TGA:

Tempo Estendido para a Conclusão da Atividade-TECA:

Descrição do Novo Planejamento (Usar este espaço em caso de adaptações)

Hora do Início da Atividade	*Hora do Término da Atividade*	*Tempo Esperado para Planejamento*	*Tempo em Desperdício –Improdutivo*	*Tarefa Concluída Sim/Não*

Análise do Tempo investido: ( ) Positivo ( ) Negativo ( ) Estendido ( )

Total de tempo ToT:

<table>
<tr><td>4º

____________ minutos

Data: ____/____/____</td><td>Execução e aplicabilidade do planejamento. Realização do Projeto</td></tr>
<tr><td colspan="2">Análise do Tempo investido: ( ) Positivo ( ) Negativo ( ) Estendido</td></tr>
<tr><td colspan="2">Avaliação do Projeto: ( ) Satisfatório ( ) Insatisfatório ( ) Adaptações

Escreva aqui pontos positivos e negativos de todo o processo:</td></tr>
<tr><td colspan="2">Copyright ÂNGELA MATHYLDE SOARES</td></tr>
</table>

Você sabe o que é **Assertividade**? Deriva da palavra asserto, que não significa ser o *sabe tudo*! Significa transformar uma situação que era problema, em solução.

Afirmar algo como se fosse a palavra final, não é acertar, muito menos ser assertivo.

A pessoa assertiva não é aquela que acerta o tempo todo, é aquela que sabe ser firme, em suas escolhas e decisões.

Ter conhecimento do que almeja e expor o sim, quando significar sim e, sobretudo, dizer não, quando significar não.

Morô, coleguinha?

Abaixo, encontrará tipos de comportamentos e seus significados. Preste atenção, pois o resultado de uma tarefa ou situação problema, é sempre manter sobre controle o tempo, motivação, atenção, planejamento e comportamento ideal e, finalmente, a atitude necessária para concluí-la.

Acompanhe-me!

QUADRO DE COMPORTAMENTO - QC		
COMPORTAMENTO	SIGNIFICADO	DESCREVA-SE EM CADA COMPORTAMENTO
ASSERTIVO	Comportamento mais adequado. Quando é alvo de fofocas, é capaz de se posicionar, sem agressão. Sabe negociar, falar com clareza, ouve com atenção. Sabe receber críticas negativas. Age com segurança, com respeito. Aceita acordos, demonstra o pensamento, sem ser violento.	
AGRESSIVO	Sempre é hostil, debochado; tem brincadeiras "sem graça" ofensivas.	
PASSIVO	Nunca reage, engole desaforos. Diz que detesta discutir, nunca dá sua opinião sincera.	
PASSIVO/ AGRESSIVO	De poucas palavras, mas faz caras e bocas, revira os olhos. Irônico; faz chantagem; torce a palavras dos outros.	
PROATIVO	É aquele que age sempre com prevenção. Observa antes e já se prepara para problemas, que virão.	
Quais desses comportamentos são mais presentes em sua vida?		

Temos vários tipos de comportamento, com diferentes situações ou pessoas.

Muitas vezes, somos hostis com o colega de sala, mas acabamos sendo passivos com a nossa família ou vice-versa

Esta flexibilidade sugere, que é aceitável mudar o comportamento, que não está valendo a pena.

Por isto, podemos desenvolver assertividade.

Aliás, temos que tomar esta consciência.

Todos nós apresentamos, em momentos diferentes, um pouco de cada comportamento, entretanto, temos que procurar manter o necessário equilíbrio.

Cair na Real!!!

Não desenvolver assertividade pode provocar o pior de nós: fracassos, baixa autoestima, comportamento inadequado, reação contrária nas outras pessoas, autodepreciação e por diante.

O comportamento não assertivo é um atraso de vida!

Quanto mais assertivo, menos confrontações, menos estresse, mais veracidade, mais habilidade, mais confiabilidade, mais saberá lidar com os outros, menos manipulação, menos chantagem emocional, menos bajulação e menos fofoca, etc. etc. e etc.

O diálogo assertivo é claro, incorruptível, experiente; e atrai para seu convívio, pessoas assertivas, também.

É aquele "papo-cabeça".

A motivação é muito importante, neste processo. Pode acontecer através de um ânimo interior, ou seja automotivação. Cada pessoa tem a competência de motivar-se e desmotivar-se. A automotivação ou motivação intrínseca, é a que vem de dentro, em sim mesmo. Já a motivação extrínseca, é aquela provocada pelo espaço no qual a pessoa vive; influência em sua vontade de fazer acontecer!

É uma investida, para atingir seus alvos.

Um comportamento adequado dá menos trabalho, não é mesmo?!

Aliás, coisa boa atrai coisa boa!

Por último, e não menos importante, o Planejamento, o qual, já citamos diversas vezes.

Ele é uma contribuição eficaz para a melhoria do processo de ensino-aprendizagem. Não existe uma metodologia, que seja superior ou diferente, mas uma, que se adapta mais à sua realidade.

O melhor para o melhor! Valeu?

Organize-se; o relógio está correndo. As horas não param e não podemos perder tempo!

Vamos analisar o quadro:

FICHA DE ORGANIZAÇÃO E APROVEITAMENTO DO TEMPO - FOATe

POSITIVO
PLANEJE SUAS ATIVIDADES SEMANAIS

DATA: 02/01/18 | OBJETIVO PARA ESTE MÊS: ATIVIDADE DE HISTÓRIA

COMPROMISSOS A SEREM REALIZADOS: REALIZAR UMA EXTENSA ATIVIDADE DE HISTÓTRIA.

URGENTÍSSIMOS (X): POUCO TEMPO PARA REALIZAÇÃO DA TAREFA.

URGENTE (   ): ______

DENTRO DO PRAZO (X): ENTREGUE A ATIVIDADE MESMO COM O TEMPO REDUZIDO.

FORA DO PRAZO (   ) : ______

TEMPO PLANEJADO:	TPL: 24H	SEMANA ____ DIA ____	HORÁRIO ____:____ ____:____	MANHÃ ( )	TARDE ( )	NOITE ( )
TEMPO EXECUTADO:	TE: 12H	SEMANA ____ DIA ____	HORÁRIO ____:____ ____:____	MANHÃ ( )	TARDE ( )	NOITE ( )
TEMPO DE DESCANSO:	TD: ___	SEMANA ____ DIA ____	HORÁRIO ____:____ ____:____	MANHÃ ( )	TARDE ( )	NOITE ( )
TEMPO PERDIDO:	TP: 12H	SEMANA ____ DIA ____	HORÁRIO ____:____ ____:____	MANHÃ ( )	TARDE ( )	NOITE ( )
TEMPO RESGATADO:	TR: ___	SEMANA 3 DIA 21	HORÁRIO 18:00 8:00	MANHÃ ( )	TARDE ( )	NOITE (X)
		SEMANA 3 DIA 21	HORÁRIO 18:00 8:00	MANHÃ ( )	TARDE ( )	NOITE (X)

OBSERVAÇÕES IMPORTANTES: MEU PROFESSOR NÃO SABE ENSINAR.

OBJETIVOS ALCANÇADOS: ENTREGA DO TRABALHO DENTRO DO PRAZO.

RETORNAR AO OBJETIVO: SEM ORIENTAÇÃO DIDÁTICA.

ATIVIDADES: REUNIR MATERIAL DE PESQUISA, ORGANIZAR O TEMPO, EXECUTAR A TAREFA, DIGITAR, IMPRIMIR, ENTREGAR.

Verificamos que o PROBLEMA é de ENSINAGEM.

O professor solicitou um trabalho, sem direcionamento didático, para SER EXECUTADO em tempo reduzido.

Este PROVOCOU um comportamento NÃO ASSERTIVO, pois demonstrou agressividade e irritabilidade, ao não conseguir realizar a tarefa.

Afinal, o comando mal dado, tornou a tarefa difícil DE SER ENTENDIDA E REALIZADA.

Veja a análise, a seguir:

FICHA DE PLANEJAMENTO SEMANAL - FPS	
PLANEJAMENTO DA SEMANA: - Uma extensa atividade de história	**DATA DA REALIZAÇÃO**
INTERAÇÃO E ENVOLVIMENTO COM O PLANEJAMENTO: - Meu professor não sabe ensinar - Não entendo nada da matéria	
LEVANTAMENTO DE MATERIAIS: - Livros - Pesquisa na Web	
ENCONTRO COM OBJETIVOS (REUNIÃO): - 48h para entrega do trabalho	
LEMBRETES/NÃO POSSO ESQUECER: - Resumo da matéria	
AVALIAÇÃO: - Pouco tempo para executar a tarefa	
ACRESCENTAR ALGO SE NECESSÁRIO: - Sem orientação - Didática - Comando não foi claro	
COMO ME SINTO: - Com raiva/preguiça/meio perdido(a)	

<table>
<tr><td>COMPORTAMENTO:
( ) Assertivo. Qual? ____________________
____
(x) Não assertivo. Qual? Raiva da matéria, irritabilidade.</td><td></td></tr>
<tr><td>STATUS:
(x) Concluído, mas com pouca eficácia e aprendizado.
( ) Não concluído</td><td></td></tr>
<tr><td>AUTOAVALIAÇÃO:
Eu deveria ter procurado o(a) professor(a) e pontuado minha dificuldade.</td><td></td></tr>
<tr><td colspan="2">Copyright ÂNGELA MATHYLDE SOARES</td></tr>
</table>

Vamos testar com uma situação problema, que você está vivendo.

FICHA DE ORGANIZAÇÃO E APROVEITAMENTO DO TEMPO - FOATe

POSITIVO

PLANEJE SUAS ATIVIDADES SEMANAIS

DATA: _____/_____/_____ OBJETIVO PARA ESTE MÊS:

COMPROMISSOS A SEREM REALIZADOS: __________

URGENTÍSSIMOS ( ): __________

URGENTE ( ): __________

DENTRO DOPRAZO ( ): __________

FORA DO PRAZO ( ): __________

TEMPO PLANEJADO:	TPL:	SEMANA _____ DIA _____	HORÁRIO ____:____ ____:____	MANHÃ ( )	TARDE ( )	NOITE ( )
TEMPO EXECUTADO:	TE:	SEMANA _____ DIA _____	HORÁRIO ____:____ ____:____	MANHÃ ( )	TARDE ( )	NOITE ( )
TEMPO DE DESCANSO:	TD:	SEMANA _____ DIA _____	HORÁRIO ____:____ ____:____	MANHÃ ( )	TARDE ( )	NOITE ( )
TEMPO PERDIDO:	TP:	SEMANA _____ DIA _____	HORÁRIO ____:____ ____:____	MANHÃ ( )	TARDE ( )	NOITE ( )
TEMPO RESGATADO:	TR:	SEMANA _____ DIA _____	HORÁRIO ____:____ ____:____	MANHÃ ( )	TARDE ( )	NOITE ( )
		SEMANA _____ DIA _____	HORÁRIO ____:____ ____:____	MANHÃ ( )	TARDE ( )	NOITE ( )

OBSERVAÇÕES IMPORTANTES:

OBJETIVOS ALCANÇADOS:

RETORNAR AO OBJETIVO:

ATIVIDADES:

Continuando ...

FICHA DE PLANEJAMENTO SEMANAL - FPS	
PLANEJAMENTO DA SEMANA: - Uma extensa atividade de história	**DATA DA REALIZAÇÃO**
INTERAÇÃO E ENVOLVIMENTO COM O PLANEJAMENTO: - Meu professor não sabe ensinar - Não entendo nada da matéria	
LEVANTAMENTO DE MATERIAIS:	
ENCONTRO COM OBJETIVOS (REUNIÃO):	
LEMBRETES/NÃO POSSO ESQUECER:	
AVALIAÇÃO:	
ACRESCENTAR ALGO SE NECESSÁRIO:	
COMO ME SINTO:	
COMPORTAMENTO: ( ) Assertivo. Qual? ____________________ ( ) Não assertivo. Qual? ____________________	
STATUS: ( ) Concluído. ( ) Não concluído	
AUTOAVALIAÇÃO: Eu deveria ter procurado o(a) professor(a) e pontuado minha dificuldade.	

Para guardar na memória, vamos rever, no quadro, abaixo, Princípios, Estratégias, Mudança e Atitude Favorável, a fim de não haver desperdiço de tempo e ter comportamento sempre aproveitável.

QUADRO/MODELO

FICHA DE PRINCÍPIOS E ESTRATÉGIAS DE ATITUDE FAVORÁVEL - FPEAF			
Princípios	**Estratégias**	**Mudança de**	**Atitude favorável**
Quando há organização e atenção, as atividades, as produções têm mais Coerência e excelência nos resultados.	Leitura da matéria sugerida no geral. Descobrimento do Brasil.	Atitude inadequada	Prestar atenção na informação e observar o que o professor solicita, realmente. Ou que ele dê informação precisa.
O objetivo é a melhor forma de se traçar uma atividade de sucesso.	Dividir a matéria em tópicos para melhor aprendizado do conteúdo da matéria História,	Objetivo	Análise de emoções Substituir a raiva pela calma
Toda comunicação tem que ser assertiva, para que não hajam mal-entendidos no processo de trocas de informação.	Enriquecer o tema com informação nova: O que aconteceu de melhor nesta descoberta, Qual a motivação deste objetivo,	Pensamento negativo	Autoestima Pensamento com objetivo do processo, realizar a tarefa.
Quanto mais informação mais conhecimento.	Colher dados e levantar hipóteses.	Procrastina-ção	Apreender a gerir o tempo.
Quanto mais motivação, maior interesse e menos perda de tempo.	Buscar métodos de Estudo, que me favoreçam a aprender.	Estratégias de Ensino	Preservar a motivação e os hábitos.
Controlar as emoções que me levam a ter equilíbrio nas decisões	Preparar meu local de estudo.	Hábitos	Preservar os hábitos adquiridos.
Sim é sim, não é não	Pesquisar em tópicos e conclusão das tarefas solicitadas.	Firmeza de opinião	Decisão assertiva

A Ficha de Tempo e Comportamento Aproveitável - ATCApr, poderá ser usado, em qualquer situação ou tarefa. Basta levantar a situação problema e seguir o passo a passo. Será divertido!

A seguir, tem um quadro para você preencher com uma situação/ problema e criar princípios solucionáveis:

FICHA DE PRINCÍPIOS E ESTRATÉGIAS DE ATITUDE FAVORÁVEL - FPEAF			
Princípios	Estratégias	Mudança de	Atitude Favorável

Agora é hora de avaliarmos nosso trabalho.

Vamos preencher a ficha SQ - Selo de Qualidade

Amei | Gostei | Mais ou menos | Falta algo | Detestei

Solução: ____

____

☐ Preciso de mais uma sessão, para trabalharmos sobre este assunto:
Próxima data: / /

☐ Não quero falar sobre isto. Retorno ao assunto:
/ /

☐ Não sei falar.
Previsão: / /

Acredito que____

ATIVIDADE 11

AULA PLANEJADA MEU CÉREBRO AGRADECE!

Falamos o tempo todo de estratégias didáticas como facilitadora para reter, aplicar e explorar o conhecimento. Estes têm como principal meio levantar condições favoráveis e disponíveis para que o conteúdo em sala de aula se torne agradável para você.

Cada um tem uma forma de aprender. Você tem que descobrir a sua. Já descobrimos que o planejamento traz leveza às atividades. Deixam de ser obrigação para se transformar em emoção.

Uma grande tarefa do professor é transformar seu conteúdo em satisfatório, que motive a construir saberes e levar outros no mesmo entusiasmo. O ensino positivo tem em seu planejamento: a importância do seu conhecimento, sua história, seus envolvimentos e vínculos afetivos e efetivos em sua esperdice e performance pessoal.

Lembre-se, que este ambiente de aprendizagem deve vir repleto de motivação de ambos os lados.

Então, vamos lá?

Quando pensamos na matéria, ou seja, no conteúdo, temos que utilizar as operações do pensamento, os processos mentais. O conteúdo possui uma lógica interna uma forma efetiva de compressão. Ou seja, cada um adquire ou capta de formas diversas o conhecimento. Por isto, a necessidade das estratégias didáticas de ensino diferenciadas. Você tem uma forma sua de aprender, vamos descobrir qual?

Matéria/Tarefa/ Conteúdo	Importância na sua vida	Didática do professor Mediador	Envolvimento Afetivo	Envolvimento Efetivo
Objetivos Alcançados	**Objetivos do Professor**	**Objetivos do Grupo**	**Seu Objetivo**	**Construindo Objetivos**
Como gosta de estudar?	Falando e lendo alto ( )	Sendo o professor ( )	Ouvindo música ( )	Em silêncio ( )
Deitado ( )	Escrevendo ( )	Gravando áudio ( )	Com companhia de professores ou pais. ( )	Com colegas ( )
Outros ( )				
Estratégias de Ensino	Aula Expositiva Dialogada ( )	Tempestade de Ideias (Brain-storming)( )	Mapa Conceitual ( )	Estudo Dirigido ( )
Resolução de Problemas ( )	Estudo de caso ( )	Júri Simulado ( )	Fórum ( )	Ensino com Pesquisa ( )
Phillips 66 - Grupo de discursão ( )				Outros
Contação de História ( )				____________
Arte e Música ( )				
Teatro ( )				____________
Copyright ÂNGELA MATHYLDE SOARES				

*As Estratégias Didáticas de Ensino têm como objetivo uma interlocução entre aluno e professor, mediado pelo diálogo, organização de dados, a coleta, o raciocínio crítico, a interpretação, a comparação e capacidade de síntese,sua curiosidade e esperdice. Mantendo o interesse e o motivando a aprender dia a dia com prazer!

Afinal, saber das coisas é sempre muito agradável, não é mesmo?

Se não souber do que se trata, vamos pesquisar. Qual destas não conhece?

____

____

____

____

Se você tem uma estratégia que possibilita a aprender melhor, escreva abaixo.

____

____

____

____

Ciclo de Planejamento de Estudo - CPE

Assim caminhamos para o planejamento de Estudo, usando nosso ciclo de planejamento de estudo com aproveitamento do tempo. Compromisso de estudo inicia com sua motivação e comprometimento. Seu objetivo é concentração e foco no conteúdo, sempre fazendo uma análise das prioridades. A organização das ideias, objetos e ambiente são superimportantes para o processo. Após esta fase, trabalharemos o resumo, a síntese do conteúdo e, mais adiante, sua aplicabilidade, que é a fixação deste conteúdo. Na organização distribua o tempo maior para as atividades, que envolvem mais atenção e cuidado. Sempre tenha canetas coloridas, marcadores, fichas pautadas, e papeis autocolante. Tenha uma caixa com divisão e a cada conteúdo estudado, arquive para buscar, sempre que precisar. O ideal é otimizar o tempo ou seja aproveitá-lo. A cada 60 minutos de estudo, descanse no máximo 15 minutos. Faça uma pequena meditação, descanse ou tome um lanchinho

Não perca o foco! Preste atenção nas horas, não ultrapasse o horário limite, o sono é super importante.

Lembre-se, que o tempo é ouro e o sono é renovador!

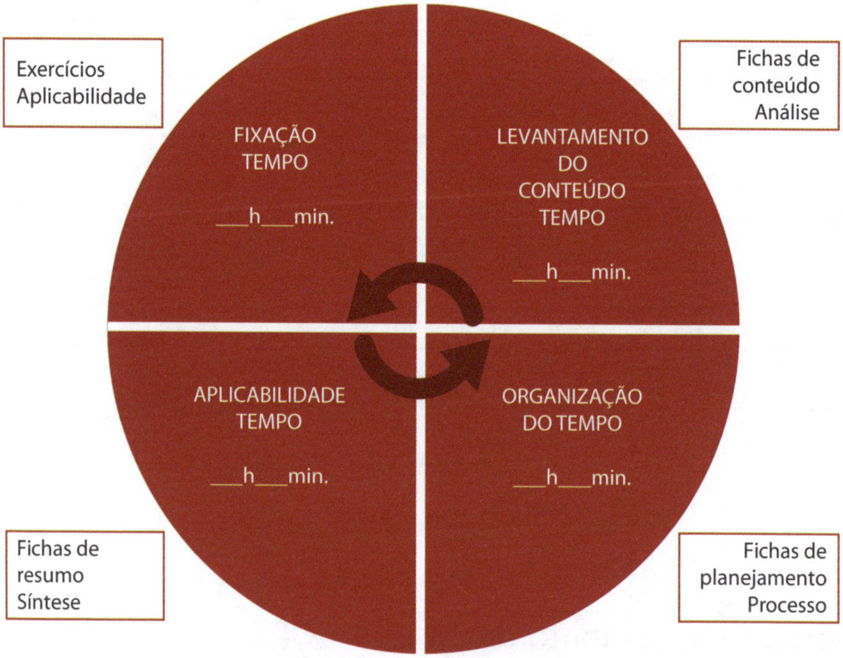

A Mediação é o veículo mais recomendado para você neste projeto de ensino aprendizagem. Ela é uma estratégia fantástica, para oferecer os melhores instrumentos para sua aprendizagem. Lembre que aprender significa dar sentido ao que se aprende. Acolher o outro em suas experiências de vida e constituir histórias conjuntas, apesar de nossas individualidades.

Afinal, não vivemos só!

Acompanhe esta engrenagem abaixo:

Círculo de Mediação - Ensino /Aprendizagem

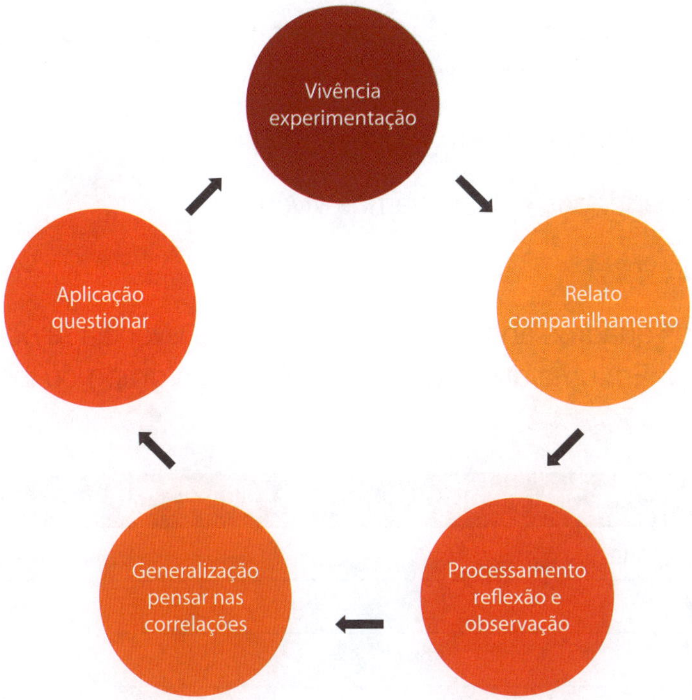

Nesta engrenagem, percebemos a importância em ter objetivos estabelecidos e planejados. A aprendizagem caminha em processo e respeitando o sujeito da aprendizagem. No primeiro momento, valorizamos o **Conto,** o **Relato da História**, a **Vivência,** onde somos desafiados e estimulados a expressar nossos sentimentos, conhecimentos e habilidades, afeto e funcionalidade. No segundo momento, o **relato,** que é o compartilhamento de observações, avisos, alvos e pontos de vista, um panorama da atividade e, a seguir, a concretização da tarefa proposta. No terceiro momento, vem a etapa mais importante, o **processo**, o **método**, o **procedimento** que é o **processamento.** Nela ocorre o passo a passo do pensamento, observação e reflexão.

É o encontro da **crítica**, da **análise**, da **observação**, da **ponderação**, da **síntese** e da **codificação**. No quarto momento, a **generalização**

trabalha com o **raciocinar**, nas conexões com o dia a dia, do cotidiano, com a vida real**,** com o legítimo do conhecimento. Onde a fantasia confronta com a realidade. - *Antes* não sabia *das coisas, mas agora sei e me aproprio deste conhecimento.*

Por último, a **aplicabilidade** ou, seja, a **aplicação, aproveitamento é a síntese** do que foi aprendido e em qual ambiente aplicar.

Isto é Ensino/ Aprendizagem. Conhecimento!

Muito bom saber das coisas! Vamos vivenciar?

Agora é sua vez!

Preencha os quadros abaixo como uma história vivenciada por você em sala de aula. Em uma atividade desenvolvida em grupo ou individual.

QUADRO DE APRENDIZAGEM VIVIDA - QAV		
Nome da Atividade:		
Participantes:		
Local:		
Material utilizado:		
Vivencia - Interação	Conto – Relato da História	Processo – Procedimento

Generalização – Resumo	Aproveitamento –Síntese	Notas de observação
Copyright ÂNGELA MATHYLDE SOARES		

O filósofo e pensador chinês de nome Confúcio escreveu: ***Aquilo que ouço, esqueço. Aquilo que vejo, lembro. Aquilo que faço, aprendo.***

Agora é hora de avaliarmos nosso trabalho.
Vamos preencher a ficha SQ - Selo de Qualidade

Amei | Gostei | Mais ou menos | Falta algo | Detestei

Solução: ____

____

☐ Preciso de mais uma sessão, para trabalharmos sobre este assunto:
Próxima data: / /

☐ Não quero falar sobre isto. Retorno ao assunto:
/ /

☐ Não sei falar.
Previsão: / /

Acredito que____

ATIVIDADE 12

RESCREVENDO MINHA HISTÓRIA E FAZENDO SENTIDO!

Quadrante de Localização Psicopedagógica - QLPp

O melhor lugar para eu estar em sala de aula

Qual o lugar que você está assentado, atualmente?

Faça linha em todo o quadrante, ligando os pontos de cima para baixo. Da esquerda para direita.

Agora, escreva o seu nome no encontro que demonstra o espaço que você ocupa na sala de aula.

Analise, se o lugar que ocupa, está favorecendo sua aprendizagem!

Seja sincero!

VAMOS LÁ!

Este mapa é para orientar-lhe a fazer escolhas assertivas, em relação a você e o lugar em que assenta na sala de aula. Existe um lugar apropriado para você. Neste espaço, será mais favorável para você alcançar seus objetivos.

Não se preocupe com o que vão falar. Pense em como o lugar certo lhe ajudará a alcançar seus objetivos, porque será o lugar mais favorável.

Acompanhe o quadro abaixo e marque onde se senta e se é um lugar positivo para você:

Pesquise o melhor lugar para se sentar, usando o Quadrante de Localização Psicopedagógica – QLPp.

Sente-se silenciosamente e ouça a exposição do(a) Professor(a).

Nesse lugar, você ouve bem? Enxerga corretamente?

Invista em você. Priorize-se e verá, que todos ao teu lado, serão favorecidos.

Mas..., e meus amigos??? Como vou resolver isto? Vão zoar muito de mim; vão me chamar de mané, de *nerd* e muitos apelidos, que não estou a fim de receber.

Não quero pagar mico!!

Preocupe-se com você e com seus objetivos e faça parcerias de sucesso!

VAMOS AOS COMANDOS?

Quadrante de Localização Psicopedagógica – QLPp

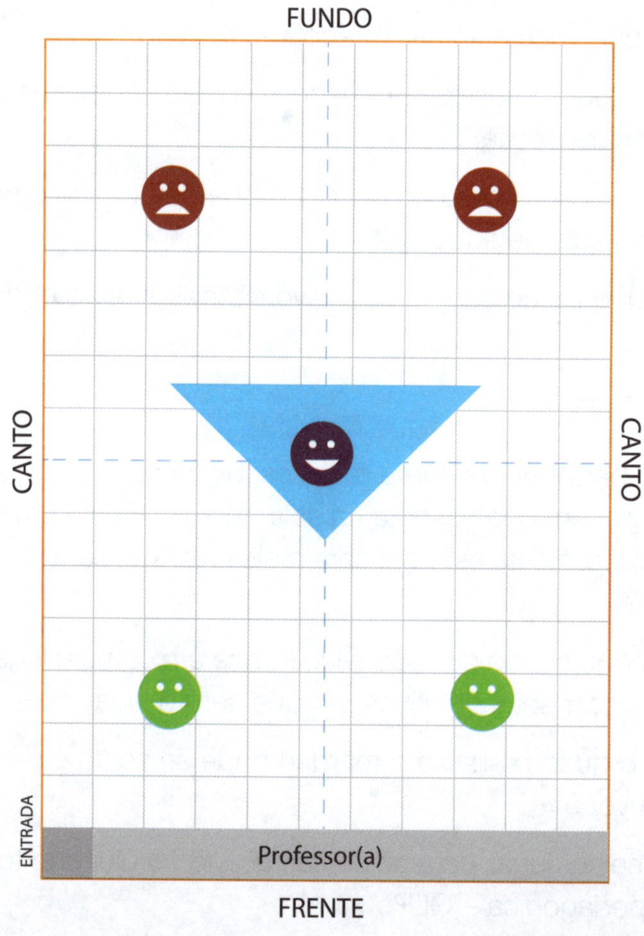

1. Marque os pontos da direita para a esquerda, de cima para baixo.
2. Marque o lugar que você ocupa, com lápis verde.
3. Marque o lugar de seus colegas mais chegados, com lápis azul.
4. Marque a direção que o(a) professor(a) movimenta-se, com o lápis vermelho.
5. Marque o lugar onde se sentam os alunos com melhor rendimento, com o lápis preto.
6. Marque o lugar onde se sentam os alunos com pior rendimento, com o lápis marrom.
7. Em qual lugar você considera que se sentiria mais confortável? Marque com lápis amarelo.

É iluminado? ( ) Sim ( ) Não ( ) Às vezes

Tem dificuldade em copiar a matéria do quadro? ( ) Sim ( ) Não ( ) Às vezes

É barulhenta a sala? ( ) Sim ( ) Não ( ) Às vezes

É possível trocar de lugar? ( ) Sim ( ) Não ( ) Às vezes

Descobriu se o local em que você se senta é bom para você?

Você tem, agora, uma visão panorâmica de sua sala de aula.

Poderá, então, fazer suas escolhas e conversar sobre isso com seu(sua) psicopedagogo(a).

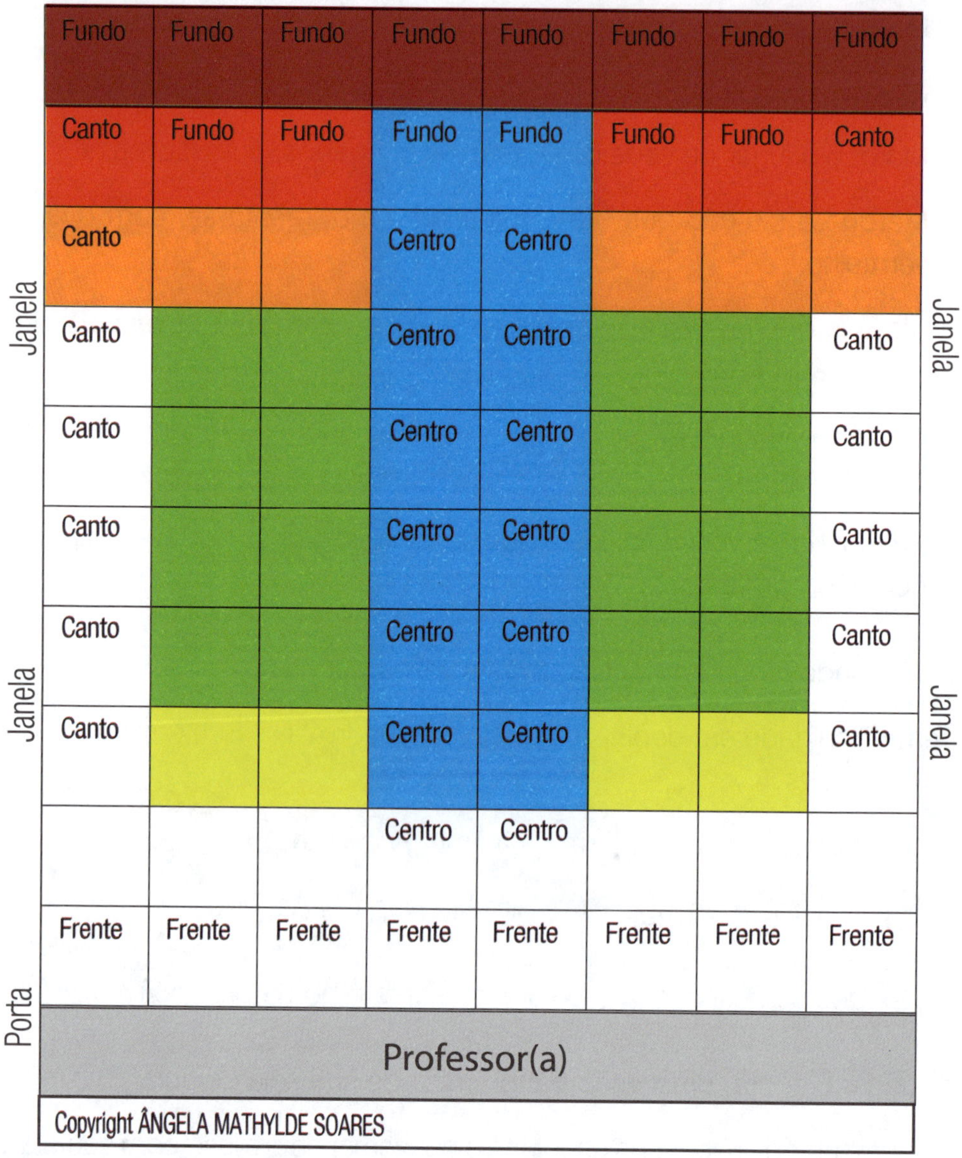

Lembre-se das dicas:

Quando sentar na frente, não encare o professor por um período muito longo; isso pode fazer com que você não trabalhe direito. Sintetizando, olhe para o professor, e não fique intimidado com ele.

» Sentando perto de paredes não a faça de seu travesseiro ou mureta para encostar. Procure o seu melhor campo visual e auditivo na sala e produza.

» Perto de portas e janelas é um convite para distrair-se você não quer isto, não é?

Já o fundo da sala é lugar de muita tensão, também. De influência negativa, espaço convidativo para conversas e distrações. Que é, então, uma concorrência desleal entre seus interesses e realizações.

Tenho certeza que você "segurará sua barra". Já sabe: não crie problemas. Crie soluções. O melhor lugar para você será aquele onde terá condições, para atingir seus objetivos.

Lembre-se disto!

MUDANÇA

As mudanças significam movimento.

Mudança indica modificação. Transformação. Alteração.

Por isto, mudar de lugar significará mudança da atitude.

Mudar de atitude é mudar de vida. É mudar do jeito antigo, para um novo modo de vida. Vamos nesta?

Escreva uma nova história para você. Aproveite que você é muito jovem, ainda, para começar tudo de novo.

Que sorte!

Vamos lá**;** preencha a linha do tempo sempre trazendo as lembranças, tanto as negativas quanto as positivas. Sempre focando em mudanças. Nada de tristeza**!** São momentos de esperança!

LINHA DO TEMPO E PERSPECTIVAS PEDAGÓGICAS DE SUPERAÇÃO - LTPPS

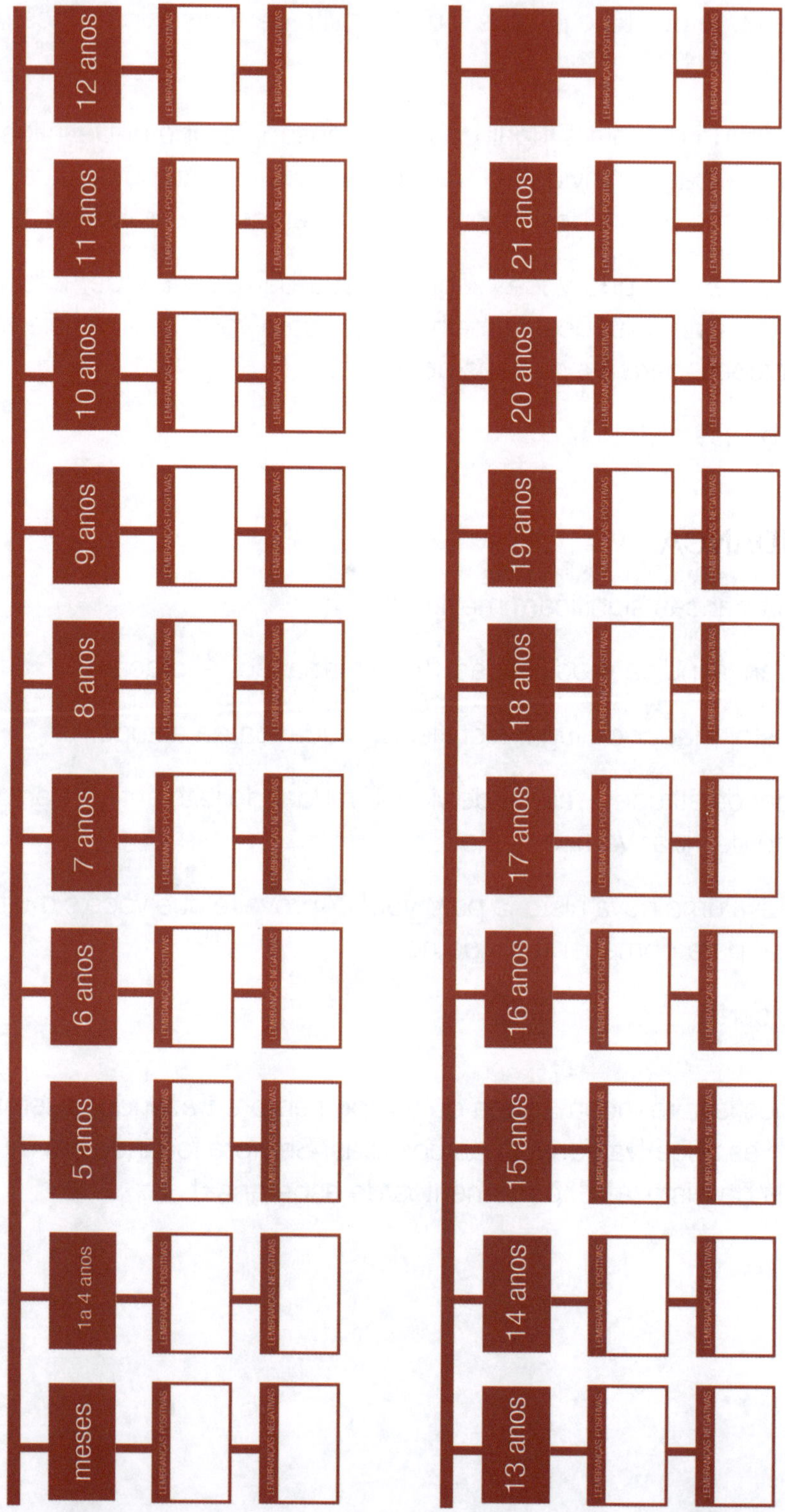

Se precisar mudar, AGORA É A HORA!

O presidente americano, John Kennedy, disse certa vez: "A mudança é a lei da vida. E aqueles que apenas olham para o passado ou para o presente irão com certeza perder o futuro".

Mudar é Viver.

Boa sorte, para você!

E meu abraço.

Ângela

Ângela Mathylde Soares é Conselheira Nacional da Associação Brasileira de Psicopedagogia; Presidente do Congresso Brain Connection Brasil; Diretora do GT3tes Centro de Investigação Clínica da Saúde e Educação - União Europeia; Geo da Clínica e Instituto Aprendizagem e cia; Conferencista nacional e internacional; Escritora de diversos livros na área; Premissa com a comanda de profissional de destaque nacional e internacional de 2009 a 2016; Mestre e Doutora em Psicologia Clínica com ênfase em Estudos Psicanalíticos – RJ; Doutora em Neurociências com ênfase em Neuroaprendizagem – França; Formação em Psicopedagogia Clínica - Argentina - supervisão Alicia Fernandez; Psicopedagoga Titular da Associação Brasileira de Psicopedagogia - ABPp.

REFERÊNCIAS

ARIÈS, P. **História Social da Criança e da Família**. 2ª. Edição. Rio de janeiro: LTC - Livros Técnicos e Científicos Editora S.A., 1978.

CANTIERE, C. N.; CARREIRO, L. R. R. Intervenção Neuropsicológica em crianças com sinais de desatenção e hiperatividade. In: Congresso Brasileiro de Psicologia: ciência e profissão, 3, 2010, **Anais...** São Paulo, 2010. Disponível em: <http://www.cienciaeprofissao.com.br/III/anais/detalhe.cfm?idTrabalho=6163>. Acesso em: 20 mar 2011.

FERREIRA, B. W. Adolescência: caracterização e etapas do desenvolvimento. In: FERREIRA, B. W.; RIES, B. E.; SANTOS, B. S.; RODRIGUES, E. W.; LA ROSA, J.; ZANELLA, L. (orgs.). **Psicologia e educação**. 2ª Ed., p. 15-20, Porto Alegre: EDIPUCRS, 2003.

FONSECA, V. Introdução às dificuldades de aprendizagem. Porto Alegre: Artes Médicas, 1995. In: LIMA, R. F.; MELLO, R. J. L.; MASSONI, I.; CIASCA, S. M. Dificuldades de aprendizagem: queixas escolares e diagnósticos em um serviço de neurologia infantil. **Rev. Neurocienc.**, v. 14, n. 4, p.185-190, 2006. Disponível em: <http://www.revistaneurociencias.com.br/edicoes/2006/RN%2014%2004/Pages%20from%20RN%2014%2004-3.pdf>. Acesso em 10 abr 2011.

GASPARIAN, M. C. C. A interdisciplinaridade como metodologia de trabalho nas questões de aprendizagem e a construção do conhecimento da escola e da família. **Constr. Psicopedag.**, v. 18, n.16, p. 129-150, 2010. Disponível em: <http://pepsic.bvsalud.org/pdf/cp/v18n16/v18n16a11.pdf>. Acesso em: 06 abr 2011.

GIMENES, B. P. **O jogo de regras nos jogos da vida**: sua função psicopedagógica na sociabilidade e na afetividade de pré-adolescentes. São Paulo: Vetor, 2000.

LILJA, C. C. O. Estilos parentais e o desenvolvimento adolescente: implicações na educação. In: LEHENBAUER, S.; PICAWY, M. M.; STEYER, V. E.; WANDSCHEER, M. S. X. (orgs.). **Ensino fundamental no século 21**: questões e desafios. p. 75-94, Ed. ULBRA, 2005.

LIMA, R. F.; MELLO, R. J. L.; MASSONI, I.; CIASCA, S. M. Dificuldades de aprendizagem: queixas escolares e diagnósticos em um serviço de neurologia infantil. **Rev. Neurocienc.**, v. 14, n. 4, p.185-190, 2006. Disponível em: <http://www.revistaneurociencias.com.br/edicoes/2006/RN%2014%2004/Pages%20from%20 RN%2014%2004-3.pdf>. Acesso em 10 abr 2011.

MACEDO, M. M. K.; FENSTERSEIFER, L.; WERLANG, B. S. G. Adolescência: um tempo de ressignificações. In: MACEDO, M. M. K. (org.). **Adolescência e psicanálise**: intersecções possíveis. p. 65-84, Porto Alegre:EDIPUCRS, 2004.

MASINI, E. F. S. Formação profissional em psicopedagogia: embates e desafios. **Rev. Psicopedagogia**, v. 23, n. 72, p. 248-259, 2006. Disponível em: <http://www.revistapsicopedagogia.com.br/download/72.pdf>. Acesso em: 01 maio 2011.

OLIVEIRA, M. K. **Vygotsky: Aprendizado e desenvolvimento** - Um processo sócio-histórico. 4ª. Edição. São Paulo: Editora Scipione, 1997.

______.______. São Paulo: Editora Scipione, 2003. In: TANAKA, P. J. Atenção: reflexão sobre tipologias, desenvolvimento e seus estados patológicos sob o olhar psicopedagógico. **Constr. Psicopedag.**, v. 16, n. 13, p. 62-76, 2008. Disponível em: <http://pepsic.bvsalud.org/pdf/cp/v16n13/v16n13a04.pdf>. Acesso em: 20 abr 2011.

PAÍN, S. **Diagnóstico e tratamento dos problemas de aprendizagem**. Trad. Ana Maria Netto Machado. Porto Alegre: Artmed, 2008.

PÂNTANO, T. Abordagem fonoaudiológica dos transtornos afetivos da infância e da adolescência. In: WAJNSZTEJN, A. B. C., WAJNSZTEJN, R. **Dificuldades escolares**: um desafio superável. 2ª Ed., p. 247-250. São Paulo: Ártemis, 2009.

PANTOJA, D. O processo de aprendizagem, a construção do conhecimento. In: WAJNSZTEJN, A. B. C., WAJNSZTEJN, R. **Dificuldades escolares**: um desafio superável. 2ª Ed., p. 47-58. São Paulo: Ártemis, 2009.

PASTORINO, C. Familia y aprendizaje - implicaciones del funcionamiento familiar em los modos de aprendizaje.**Constr. Psicopedag.**, v. 17, n. 15, p. 09-24, 2009. Disponível em: <http://pepsic.bvsalud.org/pdf/cp/v17n15/v17n15a02.pdf>. Acesso em: 25 abr 2011.

SANTOS, B. S. A utilização do computador pelos adolescentes. In: FERREIRA, B. W.; RIES, B. E.; SANTOS, B. S.; RODRIGUES, E. W.; LA ROSA, J.; ZANELLA, L. (orgs.). **Psicologia e Educação**. 2ª Ed., p. 95-110, Porto Alegre: EDIPUCRS, 2003.

SCOZ, B. J. L.; PORCACCHIA, S. S. A subjetividade na psicopedagogia: algumas reflexões. **Constr. Psicopedag.**, v. 17, n. 14, p. 60-74, 2009. Disponível em: <http://pepsic.bvsalud.org/pdf/cp/v17n14/v17n14a06.pdf>. Acesso em: 25 abr 2011.

SEVERINO, A. J. **Metodologia do trabalho científico**. 23 ed. São Paulo: Cortez, 2007.

SOUZA, F. R.; SANTUCCI, P. P. Diagnóstico diferencial: dislexia e distúrbio de aprendizagem. In: WAJNSZTEJN, A. B. C., WAJNSZTEJN, R. **Dificuldades escolares**: um desafio superável. 2ª Ed., p. 175-250. São Paulo: Ártemis, 2009.

SOUZA, A. R. M.; SISTO, F. F. Dificuldade de aprendizagem em escrita, memória e contradições. **Psicol. Esc. Educ.**, v. 5, n. 2, p. 39-47, 2001. Disponível em: <http://homolog.scielo.br/pdf/pee/v5n2/v5n2a05.pdf>. Acesso em: 10 abr 2011.

TANAKA, P. J. Atenção: reflexão sobre tipologias, desenvolvimento e seus estados patológicos sob o olhar psicopedagógico. **Constr. Psicopedag.**, v. 16, n. 13, p. 62-76, 2008. Disponível em: <http://pepsic.bvsalud.org/pdf/cp/v16n13/v16n13a04.pdf>. Acesso em: 20 abr 2011.

VYGOTSKY, L. S.; LURIA, A. R.; LEONTIEV, N. A. Linguagem, desenvolvimento e aprendizagem. São Paulo: Ícone/EDUSP, 1988. In: LIMA, R. F.; MELLO, R. J. L.; MASSONI, I.; CIASCA, S. M. Dificuldades de aprendizagem: queixas escolares e diagnósticos em um serviço de neurologia infantil. **Rev. Neurocienc.**, v. 14, n. 4, p.185-190, 2006. Disponível em: <http://www.revistaneurociencias.com.br/edicoes/2006/RN%2014%2004/Pages%20from%20RN%2014%2004-3.pdf>. Acesso em 10 abr 2011.

WAJNSZTEJN, R. Desenvolvimento neurológico e aprendizagem. In: WAJNSZTEJN, A. B. C., WAJNSZTEJN, R. **Dificuldades escolares**: um desafio superável. 2ª Ed., p. 19-32. São Paulo: Ártemis, 2009.

WINNICOTT, D. W. **Tudo começa em casa**. 3ª Ed. São Paulo: Martins Fontes, 1999.

Todas as tabelas do livro estão disponíveis para download no site da editora.

www.artesaeditora.com.br

Este livro foi composto com tipografia Helvetica Neue
e impresso em papel Offset 75g. na Gráfica Del Rey.